NICOLE BERGMANN

RAUS AUS DEM FINANZDSCHUNGEL

Für Christian

NICOLE BERGMANN

Raus aus dem FINANZ DSCHUNGEL

Dein Kompass
für den entspannten und sicheren
Umgang mit Geld

Haftungsausschluss: Die von der Autorin erwähnten Anlageprodukte wie Fonds, ETFs, Wertpapiere und Immobilien sind immer mit Risiken behaftet. Alle Hinweise und Informationen stellen keine Anlageberatung oder Empfehlung dar. Sie wurden nach bestem Wissen und Gewissen aus öffentlich zugänglichen Quellen übernommen und dienen allein der Bildung und Unterhaltung. Eine Haftung für die Richtigkeit kann nicht übernommen werden. Lesende, die Empfehlungen aus dem Buch umsetzen, handeln auf eigene Verantwortung.

Die Inhalte des Buches sind Grundlagen für die finanzielle Bildung der Lesenden. Bevor mit Anlageprodukten gehandelt wird, empfiehlt die Autorin, weitere Informationsquellen heranzuziehen. Die Aussagen in diesem Buch spiegeln die persönlichen Ansichten der Autorin wider, und sind nicht im Sinne einer Finanzberatung oder Anlageempfehlung zu verstehen.

Bibliografische Information der Deutschen Nationalbibliothek:
Die Deutsche Nationalbibliothek verzeichnet diese Publikation
in der Deutschen Nationalbibliografie; detaillierte bibliografische Daten
sind im Internet über http://dnb.d-nb.de abrufbar.

1. Auflage
Autorin: Nicole Bergmann, Hägewiesen 126, 30657 Hannover
www.imfinanzdschungel.de
Instagram: @imfinanzdschungel
Für Fragen und Anregungen: info@imfinanzdschungel.de

Lektorat: Dr. Mathilde Fischer, Frankfurt
Umschlaggestaltung | Layout und Satz: Gesine Beran, Turin
Umschlagmotiv: © shutterstock | good_mood, Viktoriia Janis
Illustrationen: Telse Ahrweiler, Tönisvorst
Gesamtherstellung | Druck:
Scandinavianbook GmbH, Neustadt a. d. Aisch
ISBN 978-3-98595-072-0 | Auch als eBook erhältlich

INHALT

EINLEITUNG

Warum noch ein weiteres Finanzbuch?

NACH DEN ERSTEN JAHREN im Berufsleben konnte ich eine Tatsache nicht mehr leugnen: Ich hatte mich weder intensiv mit meiner Altersvorsorge noch mit den nötigen Versicherungen beschäftigt. Mein Geld sparte ich auf dem Girokonto. Jahrelang hatte ich das Thema Finanzen auf meiner To-Do-Liste. Immer wieder schob ich es vor mir her. Vielleicht kennst auch du diese innere Stimme: »Du musst dich endlich mal mit deinen Finanzen auseinandersetzen! Du bist jetzt erwachsen und musst dich selbst um deine finanziellen Angelegenheiten kümmern! Du solltest dir endlich mal deine Versicherungen anschauen, bist du gut genug versichert? Und was ist mit der Altersvorsorge? Die gesetzliche Rente wird nicht reichen.«

Aber wo anfangen? Es schien mir alles viel zu viel, wie sollte ich denn da den Überblick bekommen? So schob ich diese Sorgen lange vor mir her, bis ich schließlich auf verständliche Finanzblogs und Podcasts gestoßen bin. Dies war der Wendepunkt. So hat mir die Bloggerin MADAME MONEYPENNY die Augen geöffnet, was es bedeutet, Verantwortung für meine eigene finanzielle Situation zu übernehmen.

Ich begann, mich Schritt für Schritt in die Themen einzuarbeiten. Ich überdachte meine Einstellung zu Geld, entdeckte mehr Sparpotenzial, beschäftigte mich mit dem Aktienmarkt und lernte so immer mehr über Geld und das Investieren. Ich nahm erstmals an einem kostenpflichtigen Onlinekurs teil und investierte damit in mich selbst. Ich lernte, wie ich Geld für meine private Altersvorsorge anlegen könnte.

Von da an hat mich das Thema gefesselt und ich habe mich ganz nebenbei in meiner Freizeit zu einer Finanzexpertin entwickelt. In diesem Buch zeige ich dir, wie auch du dich zu einer Finanzexpertin oder einem Finanzexperten entwickeln kannst. Du brauchst weder Zertifikate noch entsprechende Ausbildungen, um dir ein fundiertes alltagstaugliches Finanzwissen anzueignen. Ich habe in den letzten Jahren eine Menge Finanzwissen erworben und mir nun zum Ziel gesetzt, dieses Wissen gebündelt und strukturiert weiterzugeben, und zwar an alle, die den Dschungel vor lauter Bäumen nicht sehen. In diesem Ratgeber gebe ich dir Antworten auf alle Fragen, damit du die Grundlagen deiner privaten Finanzen selbst in die Hand nehmen kannst.

In meinem Job als Personalentwicklerin beschäftige ich mich täglich damit, wie ich Lerninhalte so aufbereiten kann, dass diese praxistauglich sind und Menschen Kompetenzen entwickeln können. Es ist mir eine Herzensangelegenheit, mein Wissen so weiterzugeben, dass es einfach, verständlich und leicht umsetzbar ist. Zudem bin ich überzeugt davon, dass es sich positiv auf andere Lebensbereiche auswirken wird, wenn du deine Finanzen im Griff hast.

Finanzen können auch Spaß machen

MIR IST KLAR, WIE TROCKEN DAS FINANZTHEMA sein kann. Deswegen verbinde ich in diesem Buch Finanzen mit meinem liebsten Hobby: dem Reisen. Ich habe ein Jahr in Australien gelebt, seitdem hat mich das Reisefieber gepackt.

Deshalb soll dieses Buch der Tourguide für eine Reise sein – die Reise durch deinen Finanzdschungel! Finanzen können Spaß machen, das möchte ich dir mit meinem Ratgeber zeigen. Das

Buch ist so aufgebaut, dass ich immer zu Beginn eines jeden Kapitels die Station einer Reise schildere. Unsere gemeinsame Reise geht durch einen Dschungel, deinen Finanzdschungel. Je nachdem, welcher Typ du bist, kannst du das Buch daher unterschiedlich nutzen:

Bist du abenteuerlustig und liebst es, selbst die Welt zu entdecken? Hast du Lust, dich mithilfe einer Schatzkarte allein durchzuschlagen und den Weg durch den Dschungel zu finden? Dann lass dieses Buch deine Schatzkarte sein. Wenn du auf deiner Finanzreise möglichst viel über Finanzen und Versicherungen lernen möchtest, dann empfehle ich dir, etwas Zeit für das Buch einzuplanen und es von vorn bis hinten zu lesen und durchzuarbeiten. Du wirst etwas Zeit mit den einzelnen Kapiteln verbringen, ganz besonders, wenn es um die praktischen Fragen am Kapitelende geht. Wende das gewonnene Wissen direkt in deinem Alltag an!

Oder willst du lieber aus dem Dschungel gerettet und mit dem Helikopter abgeholt werden? Dann empfehle ich dir, dir in diesem Ratgeber Anregungen zu holen, um aus deiner Helikopterperspektive einen Überblick zu erhalten und dich anschließend zu deinen konkreten Fragen beraten zu lassen (z. B. bei der Verbraucherzentrale oder einer Honorarberaterin). Als Standardtour empfehle ich dir, die Kapitel 1–5 durchzulesen und alle Übungen einmal zu machen und dir dann noch ein bis zwei weitere Inseln auszuwählen.

Oder schlägst du dich gern selbst durch den Dschungel, verzichtest auf Karten und Trampelpfade, weil du deine eigenen Erfahrungen machen willst? Dann lass dir dieses Buch eine Inspiration sein. Wähle nur die Kapitel aus, die dich momentan am meisten beschäftigen.

Oder forschst du gern und betrachtest jeden Stein und jede Pflanze ganz genau? Du möchtest dich umfassend informieren, bevor du einen Schritt nach dem anderen machst? Gerade für dich habe ich am Ende des Buches vertiefende Buch- und Podcast-Tipps. Schreibst du gern Reisetagebücher? Dann nimm dir doch ein Notizbuch zur Hand, schreibe deine Erkenntnisse während der Reise darin auf. Du wirst stolz sein, was du in wenigen Wochen oder Monaten alles erreicht hast.

DIESES BUCH IST EIN MITMACHBUCH. Am Ende eines jeden Kapitels findest du konkrete Handlungsanweisungen und Tipps. Setze die Übungen sofort in die Tat um. Die 72-Stunden-Regel besagt, dass man alles, was man nicht innerhalb von 72 Stunden beginnt, nie in die Tat umsetzt. Also geh zumindest den ersten Schritt direkt nach dem Lesen.

Mit diesem Buch zeige ich dir einen Trampelpfad, den ich und viele andere bereits vor dir gegangen sind. Nutze ihn, wo er für dich stimmig ist, und bahne dir deinen eigenen Weg, wo du es für richtig hältst.

Egal, welcher Reisetyp du bist, wenn du wirklich einen Durchblick durch deinen persönlichen Finanzdschungel bekommen möchtest, dann nimm dir etwas Zeit für die Aufgaben, die in diesem Buch formuliert sind. Die Wanderung durch den Dschungel musst du aber schon selbst machen, es fahren nun mal keine Reisebusse bis zum versteckten Wasserfall. Also setz deinen Rucksack auf, und los geht's!

Wirf deine Zweifel über Bord

WAS HAT DICH BISHER DAVON ABGEHALTEN, dich mit dem Thema Finanzen zu beschäftigen? Vielleicht ist es hilfreich, dir Klarheit darüber zu verschaffen, bevor du richtig startest. Kann es sein, dass dich bestimmte Gedanken bisher daran gehindert haben, Verantwortung für deine Finanzen zu übernehmen? Rufe sie dir einmal bewusst ins Gedächtnis. Solche Sätze wären beispielsweise:

»Den ganzen Finanzkram verstehe ich sowieso nicht, das ist alles viel zu kompliziert.«

Oh ja, die ganzen Papierberge an AGBs erschlagen einen, selbst wenn man nur eine Versicherung abschließen will. Wer soll sich das denn alles durchlesen? Ich kann dich beruhigen, die Grundsätze von Finanzen sind einfach zu verstehen (z. B.: weniger ausgeben, als du einnimmst). In diesem Buch werde ich dich Schritt für Schritt und mit einfachen Worten durch deine persönlichen Finanzen begleiten. Ich stelle sogar die These auf, dass viele Finanzprodukte absichtlich so kompliziert klingen, damit wir sie nicht hinterfragen und uns am besten dazu beraten lassen.

»Ich habe da einen Versicherungsvertreter bzw. eine Bankberaterin, die machen das alles schon für mich.«

Vielleicht sogar der Vertreter, bei dem schon deine Eltern ihre kompletten Versicherungen haben? Nur weil er sympathisch ist oder in eurer Nachbarschaft lebt, heißt das nicht, dass seine Versicherungen auch am besten zu deiner aktuellen Situation passen. Es mag ja sein, dass diese Versicherung Testsiegerin bei den Haftpflichtversicherungen ist, aber das heißt noch lange nicht, dass du darauf vertrauen kannst, dass deren Berufsunfähigkeitsversicherung ebenfalls zu dir passt. Hast du mal darüber nachgedacht, wie der Vertreter sein Geld verdient? Richtig, er bekommt eine Provision für jede Versicherung, die er abschließt, meist ist das ein Anteil deiner jährlichen Beträge.

»Meine Eltern haben da etwas für mich abgeschlossen, das wird schon passen.«

Wenn du kein Finanzwissen in der Schule erworben hast, woher haben deine Eltern ihr Finanzwissen? Stammt es noch aus der Zeit vor dem Internet? Ich will damit nicht sagen, dass deine Eltern keine guten Finanzentscheidungen treffen können. Vielleicht sind sie richtige Experten und kennen sich gut aus – umso besser, dann kannst du eine Menge von ihnen lernen. Stelle ihnen alle Fragen zu Themen, die du nicht verstehst, und sie werden es dir erklären. Vielleicht geht es dir aber auch wie vielen anderen und deine Eltern haben irgendwann einmal etwas abgeschlossen und ihre Entscheidungen seitdem nie hinterfragt. Das ist in Ordnung, denn deine Eltern treffen ihre Entscheidungen für ihr Leben. Du bist inzwischen alt genug, um deine eigenen Entscheidungen zu treffen. Es schadet nicht, bestimmte Finanzprodukte zu vergleichen. Wenn du danach bei den bestehenden Produkten bleiben möchtest, ist es okay, denn dann hast du sie verstanden und dich bewusst dafür entschieden. Doch ab jetzt nimmst du deine Finanzen selbst in die Hand.

»Mein Partner kümmert sich bei uns um die Finanzen.«

Es ist schön, dass du deinem Partner so sehr vertraust. Ich bin selbst Romantikerin und hoffe darauf, dass meine Partnerschaft das ganze Leben hält und wir uns bis ins hohe Alter blind vertrauen können. Was passiert aber, wenn dein Partner ganz plötzlich verstirbt? Dann stündest du alleine da mit allen Finanzthemen und Versicherungen. Die Witwenrente ist heutzutage meist zu gering, um gut davon leben zu können. Und in so einer Notsituation auch noch Geldsorgen zu haben bzw. sich mit sämtlichen Versicherungen beschäftigen zu müssen, das wünscht sich niemand.

Es schadet nicht, schon jetzt einen Überblick zu gewinnen. Lass dir von deinem Partner erklären, warum er die jeweiligen Produkte ausgewählt hat. Wie wäre es, wenn ihr gemeinsam schaut, ob es bessere Produkte gibt, die zu euch passen? Es hat immer Vorteile, wenn sich zwei Personen mit unterschiedlichen Sichtweisen einem Thema nähern. Und von der romantischen

Perspektive aus betrachtet, kann dein wachsendes Interesse an Finanzen ein weiteres Thema sein, wo ihr auf einer Wellenlänge seid. Ganz abgesehen von der Vorbildrolle, die ihr gegenüber möglichen Kindern habt.

»Finanzen? Dafür fehlt mir die Zeit.«

Ich sage auch nicht, dass du alles innerhalb einer Woche verstehen musst oder dass du nichts anderes machen sollst, als dich um Finanzen zu kümmern. Du musst auch nicht warten, bis du mal eine dreimonatige Auszeit von deinem aktuellen Leben bekommst, damit du dich nur mit deinen Finanzen und Versicherungen beschäftigen kannst.

In diesem Buch möchte ich dir so praxisnahe Schritte mitgeben, dass du deine Finanzen quasi nebenbei regeln kannst. Wenn du dich jeden Tag zehn Minuten mit deinen Finanzen beschäftigst, dann wirst du bald fitter sein als die meisten deiner Freunde und Bekannten.

»Das Finanzthema ist viel zu riesig, da weiß ich gar nicht, wo ich anfangen soll.«

Und da fängst du lieber erst gar nicht an? Das kann ich verstehen, ging mir auch so. Aber uns die Augen zuzuhalten und zu hoffen, dass das Problem verschwindet, funktioniert leider nicht. Wir können allerdings die Herausforderung annehmen und das Finanzthema in viele kleine Abschnitte unterteilen. Glaube mir, wenn du mit kleinen Schritten anfängst (z. B. Auswahl eines Tagesgeldkontos), kannst du dich auch Schritt für Schritt an die anderen Themen wagen. Setze einfach die Empfehlungen in diesem Buch um. Nur den Anfang, den ersten Schritt, den musst du selbst machen. Mach ihn jetzt!

Gebrauchsanweisung für dieses Buch

SO, UND NUN LASS DICH AUF ein kleines Gedankenexperiment ein: Stell dir vor, wir befinden uns in einem tiefen Dschungel. Du bist umgeben von riesigen Bäumen, die nur wenige Sonnenstrahlen auf die Erde lassen. Um dich herum leuchten die verschiedensten Grüntöne, Lianen hängen von den Bäumen. Pflanzen, die du von der heimischen Fensterbank kennst, sind hier fünf Meter hoch. Du hörst exotisches Vogelgezwitscher und irgendwo in der Ferne kreischen Affen. Es ist feuchtwarm und der Schweiß rinnt dir den Rücken hinunter.

Du hast den Überblick verloren. Anstatt aus dem Dschungel rauszukommen, bist du immer tiefer hineingeraten. Wir befinden uns nun mitten im Dschungel – in deinem persönlichen Finanzdschungel. Vor lauter Papierbergen hast du keinen Überblick mehr über deine Versicherungen, Geldanlagen und Vermögenswerte. Doch keine Sorge, zum Glück hast du dieses Buch in der Hand. Es wird dich Schritt für Schritt auf deinem Weg aus dem Finanzdschungel begleiten.

Viel Freude bei dieser Reise,
Nicole

Meine Erfahrungen mit den einzelnen Finanzthemen teile ich auf meinem Blog: **www.imfinanzdschungel.de/blog.**

1 | DEIN ZIEL

DEINE SCHATZKARTE

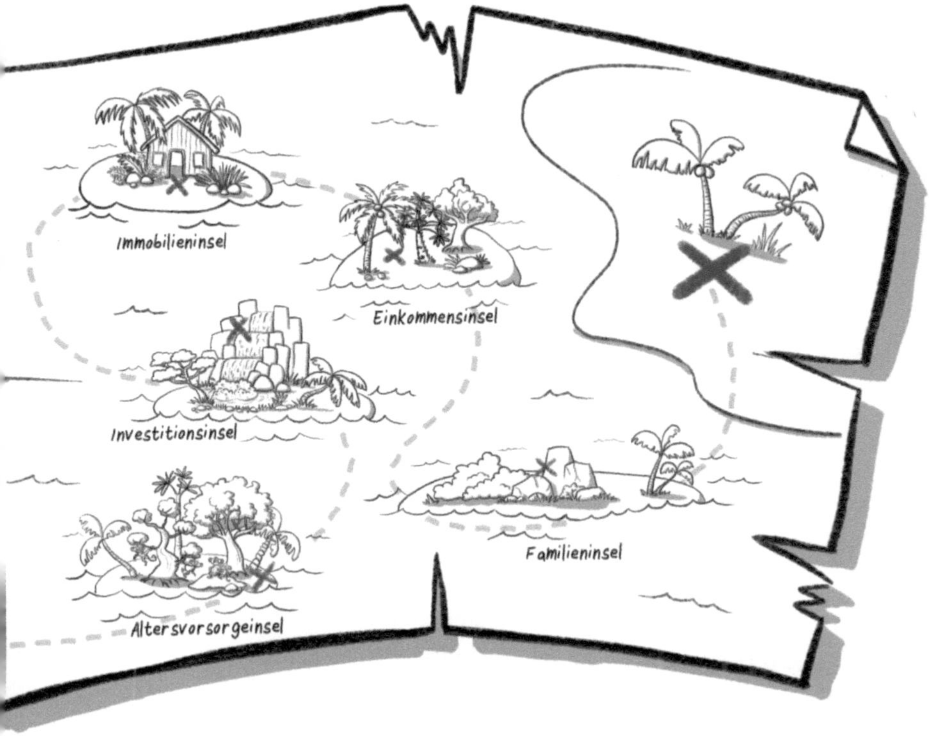

Es ist vollkommen egal, wie du in den Dschungel *reingeraten bist. Jetzt ist es wichtig, wieder rauszukommen. Glücklicherweise erinnerst du dich daran, dass dir vor deiner Reise jemand einen Dschungelratgeber in die Hand gedrückt hat. Den suchst du jetzt aus deinem Rucksack. Du weißt zwar nicht, ob er dir helfen wird, aber du blätterst erst einmal in diesem Buch. Dabei fällt eine alte, leicht vergilbte Karte heraus. Was ist denn das? Ob das vielleicht eine Schatzkarte ist? Auf der Karte ist ein großer Regenwald abgebildet. Dann gibt es auch noch zehn Inseln, die mit einer gestrichelten Linie verbunden sind. Auf dem Festland auf der gegenüberliegenden Seite ist ein großes Kreuz aufgemalt …*

Ob die Karte wirklich für diesen Dschungel hier ist? Sie könnte dir den Weg nach draußen weisen und vielleicht hält sie sogar noch einen Schatz für dich bereit. Du wirst es nicht herausfinden, wenn du es nicht versuchst. Und du hast auch nichts zu verlieren. Während du dich mit der Karte zu orientieren beginnst, fängst du an zu träumen. Angenommen, es gibt einen Schatz, den du finden sollst, eine richtige Schatztruhe, was wird da wohl drin sein?

FRAGE DICH AN DIESER STELLE: Worum soll es bei deiner Reise durch diesen Dschungel, deinen Finanzdschungel, wirklich gehen? Wenn du ehrlich bist, ist es sicher mehr als der bloße Wunsch, »mehr Geld« zu haben. Ganz nüchtern betrachtet ist Geld nur ein Tauschmittel. Mit Geld kannst du dir allerdings auch ein Lebensgefühl »erkaufen«. Für die einen steht Geld für Sicherheit, also für die Vorstellung, lebenslang versorgt zu sein, immer Geld für Lebensmittel und ein Dach über dem Kopf zu haben. Für die anderen bedeutet es Freiheit, viel Geld zu besitzen, um nicht mehr in einem Angestelltenjob arbeiten zu müssen, sondern genau das zu machen, was man immer schon mal tun wollte. Geld kann auch Wertschätzung bedeuten, Wertschätzung für die Menschen, welche Produkte und Dienstleistungen für dich erstellen. Gehe einmal in dich und beantworte dir selbst, was Geld für dich bedeutet.

Vervollständige den Satz für dich:

Ein anderes Wort für Geld
ist für mich ______________________________.

Nun schaue auf die Schatzkarte und markiere dir die Inseln, die du besuchen möchtest!

Deine persönliche Schatztruhe

STELL DIR JETZT VOR, DASS AM ENDE deiner Reise durch den Finanzdschungel, bei dem du verschiedene Inseln passieren wirst, eine Schatztruhe auf dich wartet. Du öffnest die Schatztruhe, es glitzert und funkelt. Was ist in dieser Schatztruhe enthalten? Eine bestimmte Summe an Geld? Goldmünzen? Ein abbezahltes Haus? Finanzielle Freiheit? Genug Geld für eine

Weltreise? Tiefe Zufriedenheit, dass du deinen Finanzdschungel jetzt endlich durchblickst? Kreuze an, was du am Ende des Buches erreicht haben möchtest, sobald du die Schatztruhe öffnest.

WENN ICH MEINE SCHATZTRUHE ÖFFNE, MÖCHTE ICH:

- O monatlich eine feste Summe an Geld sparen.
- O meinen Dispo nie wieder nutzen müssen.
- O einen Überblick darüber gewinnen, wie ich finanziell aufgestellt bin.
- O einen Plan haben, wie ich meine Schulden abzahlen werde.
- O Klarheit in meinen Versicherungen gewinnen - passen die zu mir?
- O mir keine Sorgen mehr um meine Altersvorsorge machen müssen.
- O Zufriedenheit mit meiner finanziellen Situation erlangen.
- O mir ein Polster für Notfälle angespart haben.
- O ein solides Finanzwissen aufgebaut haben.
- O ein finanzielles Vorbild für meine Kinder sein.
- O unabhängig von Bankberatern und Versicherungsmaklern werden.
- O selbstständig Finanzentscheidungen treffen können.
- O mein Einkommen erhöht haben.
- O mich endlich nicht mehr von meinem Papierkram gestresst fühlen.
- O finanziell unabhängig von meiner Familie oder meinem Partner werden.
- O meine Einstellung zu Geld ins Positive gewandelt haben.
- O mir einen Traum erfüllt haben.

ERGÄNZE WEITERE ZIELE, DIE DIR PERSÖNLICH WICHTIG SIND:

- O ...
- O ...

WIE MÖCHTEST DU DICH FÜHLEN, WENN DU DEINEN PERSÖNLICHEN FINANZDSCHUNGEL BEZWUNGEN HAST?

- o zufrieden
- o erleichtert
- o sicher
- o frei
- o abgesichert
- o stolz
- o freudig
- o unabhängig
- o …
- o …
- o …
- o …

DANKE, DASS DU WIRKLICH zum Stift gegriffen hast. Jetzt hast du vielleicht schon mehr Klarheit und Motivation, dieses Buch wirklich durchzuarbeiten. Egal, ob du einen Punkt angekreuzt hast oder mehrere. Stell dir einfach vor, wie toll es sein wird, genau in einem Jahr diese Ziele auch erreicht zu haben. Doch sei erst einmal beruhigt, falls dir das noch schwerfällt, ich werde dich Schritt für Schritt durch deine Finanzen führen.

Bevor du deine Reise durch den Finanzdschungel antrittst, ist es hilfreich, dir erst einmal über deine Einstellung zu Geld bewusst zu werden. Im nächsten Kapitel werde ich dir dabei helfen, das herauszufinden.

DEINE NÄCHSTEN SCHRITTE

1. Definiere dein Ziel, das du auf dem Weg zu deiner Schatztruhe erreichen möchtest!

____

____

____

2. Suche dir zwei Inseln aus der Karte aus, die dir beim Erreichen deines Zieles besonders hilfreich sein werden.

____

____

ZUSAMMENFASSUNG

Ein eindeutiges Ziel vor Augen wird dich motivieren, die Reise auch wirklich anzutreten. Du hast jetzt Klarheit darüber, wie dein finanzielles Ziel aussieht und was du erreicht haben willst, wenn du dieses Buch durchgearbeitet hast.

2 | DEINE EINSTELLUNG ZU GELD

GLAUBENSSÄTZE ÜBER BORD WERFEN

Was geht dir bei »König des Dschungels« durch den Kopf? *Denkst du dabei sofort an einen Löwen? Wusstest du, dass Löwen gar nicht in Regenwäldern leben, sondern in der Steppe?*

Manche Sätze haben sich so fest in unserem Unterbewusstsein verankert, dass wir sie nicht mehr hinterfragen. Während du jetzt zu Beginn deiner Reise darüber nachdenkst, beruhigt es dich zu wissen, dass dir schon mal kein Löwe begegnen wird. Doch nun geht es wirklich los. Du schaust auf deine Schatzkarte und läufst los.

Nachdem du zu wandern begonnen hast und bereits einige Schritte marschiert bist, merkst du, wie schwer dein Rucksack ist. Er hält dich davon ab, schneller voranzukommen. Wieder einmal hast du viel zu viele Dinge hineingepackt. Also nimm dir erst einmal deinen Rucksack vor. Leere ihn aus und schaue, was sich darin befindet! Die Sonnencreme hättest du dir sparen können, Anti-Mücken-Spray wäre viel hilfreicher gewesen. Und der dicke Pullover ist bei den tropischen Temperaturen auch nicht nützlich. Wie schwer der erst geworden ist, als du damit durch den ersten Regen gelaufen bist, triefend nass – eine leichte Regenjacke wäre viel besser gewesen. Aber da ist ja der Kompass, den du schon vor Jahren verloren geglaubt hattest – super, er wird dir später helfen, den richtigen Weg zu finden.

OHNE ZU BEWERTEN, ob dein bisheriges Gepäck hilfreich für deine Reise aus dem Dschungel ist oder nicht, schau dir zunächst an, was du dabeihast. Frage dich, welche Gepäckstücke dir wirklich bei deinem Weg aus dem Dschungel hilfreich sind und welche du entsorgen kannst.

In uns allen schlummern gewisse Vorstellungen, die sich bereits früh in unserem Leben gefestigt haben. Gemeint sind sogenannte Glaubenssätze. Wir haben sie nie wirklich hinterfragt und betrachten sie einfach als wahr. Doch was sind Glaubenssätze eigentlich? Das sind innere Überzeugungen, die wir schon früh erworben haben und die uns in unserem Handeln unbewusst steuern. Das Tückische ist, dass sie oft gar nicht die Wahrheit widerspiegeln, sondern dass wir sie nur als wahr betrachten, weil wir uns eingeredet haben, dass das eben so sei. Was ich damit meine?

Du hast sicherlich schon einmal ganz tief im Innern zu dir selbst gesagt: »Das schaffe ich sowieso nicht«; »Ich bin nicht gut genug« oder »Ich habe das nicht verdient«? – Kommt dir das bekannt vor? Diese Glaubenssätze haben wir teilweise von unseren Eltern oder unserem Umfeld übernommen. Einige haben wir uns vielleicht selbst als Kinder eingeredet, um uns die Welt zu erklären. Aber stimmen sie wirklich?

Es gibt für uns alle genug Gegenbeispiele: Herausforderungen, die wir selbst gemeistert haben. Probleme, die wir gelöst haben, Entscheidungen, bei denen wir über uns hinausgewachsen sind. Du kennst sicherlich das Phänomen: Du hast vor, dir ein blaues Auto zu kaufen, und plötzlich siehst du überall blaue Autos und wunderst dich, wo die alle herkommen. Glaub mir, sie waren auch vorher schon da, du hast sie nur nicht wahrgenommen. Dein Gehirn konzentriert sich auf Bekanntes und schafft es, andere, für dich nicht überlebenswichtige Informationen auszublenden.

Wir alle haben den einen oder anderen Glaubenssatz in uns. Doch die gute Botschaft lautet: Wir können diese Glaubenssätze verändern und in ihr Gegenteil umkehren, sobald wir sie bewusst wahrgenommen und hinterfragt haben. Der Prozess kann etwas anstrengend sein, aber ich möchte dir zeigen, dass es sich lohnt. Du kannst viel mehr erreichen, wenn du an dich selbst glaubst. Denn wie z. B. willst du je viel Geld auf deinem Konto haben, wenn dir dein Unterbewusstsein einredet, dass alle Reichen schlechte Menschen sind?

Um ins Thema einzusteigen, liste ich dir im Folgenden ein paar Glaubenssätze auf, die du für dich prüfen kannst. Es stehen sich immer zwei Glaubenssatzpaare gegenüber – wähle jeweils aus, welchem der beiden Sätze du mehr zustimmst, und kreuze auf der Skala an, welcher Satz eher im Alltag über deine Lippen kommt. Platziere dein Kreuz ganz links oder rechts, wenn du sofort denkst, dass dieser Satz ganz sicher wahr ist. Du kannst auch Zwischenstufen wählen, wenn beide Sätze für dich irgendwie wahr sind.

Und bitte bedenke: Diese Übung ist einzig für dich allein, es gibt kein richtig oder falsch. Je ehrlicher du bei der Beantwortung der Fragen bist, desto besser kannst du später mit dem Ergebnis arbeiten.

Geld alleine macht auch nicht glücklich.	○ ○ ○ ○ ○ ○	**Geld schafft mir eine Basis von Sicherheit und Freiheit.**
Ich muss für mein Geld arbeiten.	○ ○ ○ ○ ○ ○	**Mein Geld arbeitet für mich.**
Geldverdienen ist mit Anstrengungen verbunden.	○ ○ ○ ○ ○ ○	**Geld zu verdienen ist einfach.**

Geld verdirbt den Charakter.	○ ○ ○ ○ ○ ○	Geld stärkt den Charakter. Es vermehrt das, was bereits da ist.
Lieber arm und glücklich als reich und unglücklich.	○ ○ ○ ○ ○ ○	Ich kann viel Geld besitzen und glücklich sein.
Über Geld spricht man nicht.	○ ○ ○ ○ ○ ○	Ich spreche gern über Geld.
Geld bringt nur Verantwortung mit sich.	○ ○ ○ ○ ○ ○	Geld ist Freiheit.
Ich werde nie genug Geld haben.	○ ○ ○ ○ ○ ○	Geld fließt mir mit Leichtigkeit zu.
Immer wenn ich Geld bekomme, hat ein anderer es verloren.	○ ○ ○ ○ ○ ○	Es ist genug Geld für alle da.
Wer viel Geld hat, hat auch viele Sorgen.	○ ○ ○ ○ ○ ○	Geld gibt mir viele Möglichkeiten, ein sorgenfreies Leben zu leben.
Es ist nicht okay, wenn ich mehr Geld als meine Eltern oder Freunde verdiene.	○ ○ ○ ○ ○ ○	Es ist okay, über mehr Geld als die Leute in meinem Umfeld zu verfügen.
Investieren lohnt sich nur für Leute, die bereits reich sind.	○ ○ ○ ○ ○ ○	Investieren lohnt sich für jeden.
Reiche Menschen sind schlechte Menschen.	○ ○ ○ ○ ○ ○	Ich kann ein guter Mensch sein und viel Geld haben. Mit mehr Geld kann ich mehr Gutes bewirken.
Bei Geld hört die Freundschaft auf.	○ ○ ○ ○ ○ ○	Bei Geld fängt die Freundschaft an.
Es ist nie genug Geld da.	○ ○ ○ ○ ○ ○	Geld ist im Überfluss vorhanden.

JETZT SCHAU DIR DAS GESAMTBILD AN: Wenn deine Kreuze häufiger auf der linken Seite sind, hast du eher negative Glaubenssätze über Geld. Sind deine Kreuze häufiger auf der rechten Seite, ist deine Grundeinstellung zu Geld positiv.

Gab es einen oder mehrere Sätze, bei dem oder denen du beim Lesen dachtest: Es stimmt, was da steht! Genauso ist es! Du hast dein Kreuz ganz links oder ganz rechts gesetzt. Das sind typische Glaubenssätze, also Sätze, die so fest im Kopf abgespeichert sind, dass du sie für ganz selbstverständlich hältst.

Lass uns gemeinsam diese Sätze genau unter die Lupe nehmen. Prüfe, ob die positive Umkehrung dieses Satzes nicht auch wahr sein könnte. Wähle einen der Sätze, bei denen du dein Kreuz weit links gesetzt hast, schnappe dir einen Stift und mache die folgende Übung:

DEINE NÄCHSTEN SCHRITTE

1. Was ist der erste Gedanke über Geld, der dir in den Kopf schießt? Welcher Satz, welches Sprichwort kommt dir in den Sinn? Wie haben deine Eltern über Geld gesprochen? Wähle einen der Sätze von oben aus oder nutze einen eigenen Satz!

   BEISPIEL: Für Geld muss man hart arbeiten.

2. Jetzt stelle ganz wertneutral deinen Glaubenssatz in Frage. Ist das wirklich wahr? Immer?

Mach dich auf die Suche nach Gegenbeispielen. Kannst du deinen Satz beweisen? Findest du auch Argumente gegen deinen Satz?

BEISPIEL: Es gibt Menschen, die ihren Job lieben und die ihre Arbeit als Freude empfinden, z. B. die Hochzeitsfotografin. Außerdem gibt es Möglichkeiten, Geld zu verdienen, bei denen ich nicht ständig meine Zeit opfern muss, etwa beim Verkauf eines Onlinekurses oder durch Einnahmen aus Vermietung.

3. Lass uns jetzt deinen ursprünglichen Satz umkehren. Du kannst ihm eine ganz neue Interpretation geben. Wenn sich das genaue Gegenteil des Satzes für dich nicht glaubwürdig anfühlt, versuche den Satz 3- bis 4-mal umzuformulieren, bis er sich für dich stimmig anfühlt.

   BEISPIEL: Mein Geld arbeitet für mich. Meine Arbeit fühlt sich leicht an und nebenbei verdiene ich Geld.

4. Wie fühlt sich dein Leben mit dem neuen Glaubenssatz an? Was ist jetzt für dich möglich?

TOLL GEMACHT! Wie wäre es, wenn du dir den neuen Satz auf einen Zettel schreibst und ihn irgendwo hinhängst, wo du ihn regelmäßig siehst, z. B. an den Spiegel oder an deinen Kleiderschrank? Oder lege den Zettel in dein Portemonnaie! Du kannst dir auch den Satz als Bildschirmhintergrund auf deinem Smartphone einstellen oder ihn als Passwort auf einer Plattform wählen, auf der du dich täglich einloggen musst. Je häufiger du den Satz liest, umso schneller kannst du dein Gehirn umprogrammieren, und du wirst sehen, dass dir mehr und mehr Beweise für deinen positiven Satz im Alltag begegnen.

ZUSAMMENFASSUNG

Glaubenssätze sind Überzeugungen, die du seit vielen Jahren in deinem Unterbewusstsein trägst. Negative Glaubenssätze über Geld können dein Verhältnis zu Geld behindern. Indem du dir deine Glaubenssätze bewusstmachst, gibst du dir eine Chance, diese ins Positive zu wandeln.

3 | DEIN NETTOVERMÖGEN

EIN ÜBERBLICK AUS DER HELIKOPTERPERSPEKTIVE

Gut, dass dir der alte Kompass in die Hände gefallen ist, *denn der Akku deines Smartphones ist inzwischen leer. Laut deiner Schatzkarte geht es nach Osten, also schnappe dir deine Machete und bahne dir einen Weg durch das Dickicht. Verschaffe dir zunächst einen Überblick über deine Umgebung. Vielleicht entdeckst du Dinge in deinem Umfeld, die dir bei deiner weiteren Reise behilflich sein können. So findest du einen Stock, den du als Gehhilfe nutzen kannst, und Palmblätter, aus denen du ein schützendes Dach bauen kannst, falls du im Dschungel übernachten musst. Analysiere also erst einmal, was schon da ist.*

Stelle dir vor, du hättest eine Drohne und könntest dir damit einen Überblick von oben verschaffen. Wo gibt es schützenden Regenwald, nährende Pflanzen und Flüsse mit Trinkwasser? Und wo sind die gefährlichen Schluchten, die du überwinden musst? Und vor allem, welcher ist der sicherste Weg aus dem Dschungel? Sobald du Klarheit über deine Gesamtsituation hast, kannst du besser einschätzen, welche konkreten Schritte du als Nächstes tun sollst.

STELL DIR VOR, EINE DROHNE FLIEGT über deine gesamte Finanzsituation, was siehst du? Vermögen? Schulden? Bausparverträge? Ein Sparbuch? Verschiedene Girokonten? Um ganz zu Beginn einen Überblick über deine Gesamtsituation zu erhalten, berechne dein Nettovermögen.

Beim Nettovermögen stellst du deine Vermögenswerte (wie z. B. Bargeld, Wertpapiere, Immobilien) deinen Verbindlichkeiten (Kredite, Schulden) gegenüber. Warum das sinnvoll ist? Weil einzig dein monatliches Nettoeinkommen (z. B. dein Gehalt) nicht aussagekräftig genug ist. Es ist zwar hilfreich, wenn du am Ende des Monats positive Zahlen auf deinem Girokonto stehen hast. Solltest du parallel aber noch einen Autokredit abzuzahlen haben, macht es Sinn, zuerst deine Schulden abzubauen, bevor du dein Geld womöglich anlegen möchtest.

Es ist Zeit für einen Kassensturz: Fangen wir Schritt für Schritt an! Fülle die Tabelle auf Seite 34 mit deinen Zahlen aus. Du kannst sie auch in dein Notizbuch übertragen oder dir die Tabelle von meiner Website **www.imfinanzdschungel.de/Buchbonus** herunterladen.

Dein Nettovermögen ermitteln

LOGGE DICH BEI DEINEN ONLINEBANKING-Anbietern ein und schreibe deinen aktuellen Kontostand auf. Vielleicht nutzt du auch noch klassische Kontoauszüge, welche Zahl steht drauf? (Es ist übrigens egal, ob du die Übung vor oder nach deinem Gehaltseingang machst, es handelt sich um eine Momentaufnahme.)

Wie viel Bargeld hast du zu Hause liegen? Wie viel im Portemonnaie? (Eine grober Überschlag reicht, du brauchst nicht die Centstücke im Sparschwein zusammenzuzählen.)

Wo hast du überall Geld angelegt? Besitzt du Fonds, Aktien, Anleihen, Gold oder gibt es irgendwo noch ein Sparbuch oder einen Bausparvertrag, die auf deinen Namen laufen? Trage jeweils den aktuellen Wert in die folgende Tabelle ein.

Besitzt du ein Haus oder edlen Schmuck? Lass dir online den Wert berechnen.

Schau dir einmal deine Versicherungen an. Es gibt Versicherungen mit Kapitalrückgewähr, das bedeutet, du bekommst Geld zurück, wenn du die Versicherung kündigst und keine Versicherungsleistungen in Anspruch genommen hast (das könnte z. B. bei einer Lebensversicherung, Berufsunfähigkeitsversicherung oder Unfallversicherung der Fall sein). Schau dir an, ob du solche hast und wie hoch der Rückkaufswert wäre, wenn du heute kündigen würdest.

Zahlst du einen Kredit (egal ob Studienkredit, Immobilienkredit, Dispo oder Autokredit) ab oder schuldest du jemandem Geld? Das erfasst du auf der rechten Seite der nachfolgenden Tabelle (siehe S. 34).

Addiere dann die Werte aus der Spalte »Vermögen« und anschließend aus der Spalte »Schulden«. Jetzt ziehst du die Summe der Schulden von der Summe des Vermögens ab und erhältst so dein Nettovermögen (siehe S. 35).

ÜBERRASCHT? DEIN VERMÖGEN IST POSITIV? Toll, Grund zur Freude!

Vor deinem Nettovermögen steht ein dickes, fettes Minus? Keine Sorge, du kennst jetzt deine Ausgangslage. Mit Hilfe des Buches wirst du deine Situation schrittweise sortiert bekommen. Diese Übung kannst du übrigens regelmäßig machen. Ich empfehle, das einmal jährlich zu tun. So kannst du über längere Zeit beobachten, wie sich dein Gesamtvermögen verändert. Stelle dir in deinem Handy eine Erinnerung für den Tag genau in einem Jahr ein. Dann dokumentierst du dein Nettovermögen erneut und kannst so deinen Fortschritt messen.

DEINE NÄCHSTEN SCHRITTE – ERMITTLE DEIN NETTOVERMÖGEN

VERMÖGEN	IN EURO	SCHULDEN	IN EURO
SPARGELDER Bargeld Girokonto Sparbuch Tagesgeld Bausparvertrag		**KREDIT 1**	
WERTPAPIERE Aktien Fonds Anleihen ETFs		**KREDIT 2**	
WERTGEGENSTÄNDE Wert von Kunst und Schmuck		**KREDIT 3**	
IMMOBILIEN		**KREDIT 4**	
EDELMETALLE z. B. Gold			
VERSICHERUNGS-VERMÖGEN (Rückzahlung bei Kündigung) Lebensversicherung Riester-Rente priv. Rentenversicherung			
SUMME	_____ €	**SUMME**	_____ €

Summe Vermögen		______________	€
Summe Schulden	–	______________	€
DEIN NETTOVERMÖGEN	**=**	______________	**€**

ZUSAMMENFASSUNG

Mit der Berechnung deines Nettovermögens bekommst du einen Überblick über deine materielle Gesamtlage.

4 | DEIN HAUSHALTSBUCH

MONATLICHE
EINNAHMEN UND AUSGABEN
IM BLICK BEHALTEN

Mittlerweile bist du bereits ein paar Stunden *durch den Dschungel gewandert. Du merkst, dass es Zeit für eine Pause ist, denn dein Magen knurrt so laut, dass du dich nicht mehr auf das Vogelgezwitscher konzentrieren kannst. Natürlich hast du nur begrenzten Proviant eingepackt. Wie lange wirst du wohl noch unterwegs sein? Was ist, wenn die Reise noch zwei Wochen dauert? Schau dir deine Nahrungsvorräte genauer an: Wie viel darfst du täglich essen, um bis zum Ende der Reise gut versorgt zu sein? Und was wird noch dazukommen? Welche Nahrung wirst du auf deinem Weg finden?*

Du breitest deine Essensvorräte auf dem Boden aus, doch da kommt gerade, in dem Moment, eine kleine Affenfamilie vorbei und stibitzt eine Banane. Schnell packst du deinen Proviant sorgsam wieder ein und genießt einen Apfel und einen Müsliriegel. Gestärkt nimmst du deinen Dschungelratgeber zur Hand, um herauszufinden, wo du genießbare Früchte ernten kannst.

ZURÜCK ZUM WAHREN LEBEN – auch du brauchst regelmäßig Nahrung und das meiste davon wirst du einkaufen. Aber wie viel Geld gibst du monatlich für Lebensmittel aus?

SCHÄTZE DOCH MAL:

________________ €

Zum Ende des Kapitels wirst du wissen, wie dicht deine Schätzung an der Realität liegt. In diesem Kapitel schauen wir etwas detaillierter hin: Wie viel genau gibst du monatlich in deinem Alltag wofür aus? Hier liegt oft ein hohes Sparpotenzial, denn viele Zahlungen laufen ganz selbstverständlich, ohne sie zu hinterfragen (Stichwort: die Mitgliedschaft im Fitnessstudio – wann warst du das letzte Mal da?). Gerade, wenn bei dir »am Ende des Geldes noch viel Monat übrig ist«, wird dich diese Übung zwar etwas Überwindung kosten, aber es wird sich lohnen. Du bekommst Klarheit und Ansatzpunkte, wie du deine Finanzen bald in den Griff bekommen kannst.

Nimm dir einen Abend oder einen Nachmittag bewusst Zeit und schau dir deine Finanzen genauer an. Hole dir dazu dein Lieblingsgetränk her, leg deine Lieblingsmusik auf, und los geht's.

Schau dir alle deine Einnahmen und Ausgaben der letzten drei Monate an. Ziel ist es herauszufinden, wie viel du monatlich im Durchschnitt ausgibst und einnimmst. Das gibt dir Planbarkeit für die nächsten Monate. Sicherlich ist jeder Monat unterschiedlich, in einem gibst du besonders viel Geld für Weihnachtsgeschenke aus, in einem anderen viel für den Urlaub. Du sollst zunächst ein Gefühl dafür bekommen, wie es durchschnittlich auf deinem Konto aussieht. Los geht's!

BESORGE DIR DEINE KONTOAUSZÜGE der letzten drei Monate oder logge dich in deinen Onlinebanking-Account ein. Vielleicht arbeitest du gern in Excel und kannst so deine Zahlungen besser sortieren, dann schau nach, ob es eine Möglichkeit gibt, deine Daten zu exportieren.

Fang zunächst mit den Zahlen an, die positiv sind (Haben). Welche monatlichen Einnahmen hast du? Hierzu zählen dein Gehalt, staatliche Zahlungen (Kindergeld, Elterngeld, Arbeitslosengeld, Wohngeld), Einnahmen aus Geldanlagen (Zinsen, Dividenden, Miete), Einnahmen aus Verkäufen (Ebay, Vinted, Flohmarkt) und weitere Zahlungen (Unterhalt, Unterstützung durch Eltern, Mietanteil des Mitbewohners, Steuerrückerstattung etc.).

EINNAHMEN	MONAT	MONAT	MONAT	DURCHSCHNITT
Gehalt/Lohn				
Staatliche Zahlungen				
Erträge aus Geldanlagen				
Verkäufe				
Weiteres				
SUMME				

Markiere danach alle Fixkosten. Meist sind es Daueraufträge. Dabei werden bestimmte Summen regelmäßig von deinem Konto abgebucht (Miete, Strom, Internet, Handyvertrag, Rundfunkbeitrag, Kreditzahlungen, Versicherungen, Mitgliedsgebühren wie z. B. Fitnessstudio, Netflix, Spotify). Trage die Fixkosten für jeden Monat in die folgende Tabelle ein und errechne dann den Durchschnittswert.

FIXKOSTEN	MONAT	MONAT	MONAT	DURCHSCHNITT
Miete/Rate für Immobilienkredit				
Strom und Wärme				
Internet				
Handy				
Rundfunkbeitrag				
Kredite/ Ratenzahlungen				
Versicherungen				
Abos				
SUMME				

SONDERFALL VERSICHERUNGEN: Einige Beiträge werden monatlich abgebucht, andere jährlich. Wenn du einen genauen Durchschnittswert haben möchtest, fülle die Tabelle zu Beginn von Kapitel 10 »Die Versicherungsinsel« aus und rechne jährliche Zahlungen in monatliche Ausgaben um, so hast du einen genauen Wert. Sonst reichen auch vorerst die Versicherungen, die in den letzten drei Monaten tatsächlich abgebucht wurden.

Wenn du jetzt von den Durchschnittseinnahmen deine durchschnittlichen Fixkosten abziehst, bekommst du das Budget, das dir für die variablen Ausgaben zur Verfügung steht. Solltest du hier mehr Fixkosten als Einnahmen haben, empfehle ich dir, zu Kapitel 8 »Die Sparinsel« zu springen. Sollte der Wert positiv sein, mach in diesem Kapitel weiter.

Durchschnittliche Einnahmen		____________	€
Abzüglich durchschnittlicher Fixkosten	–	____________	€
MONATLICHES BUDGET FÜR VARIABLE AUSGABEN	=	____________	€

UND JETZT SCHAU DEINE FLEXIBLEN Ausgaben, auch als variable Kosten bezeichnet, an. Hier wollen wir wieder eine Momentaufnahme der letzten drei Monate machen. Sicherlich werden die Ausgaben schwanken. Überlege dir zunächst, welche typischen Kategorien du für deine Ausgaben hast. Hier ein paar Beispiele:

- Lebensmittel und Haushalt (z. B. Supermarkt, Drogerieeinkäufe)
- Restaurantbesuche und Lieferdienste
- Mobilität/Transport (z. B. Zugtickets, Monatskarten, Tanken, Reparaturen des Autos)
- Kleidung
- Urlaub
- Geschenke
- Freizeit und Hobby
- Spenden
- Sparen

Wähle die Kategorien, die zu deiner Situation passen. Am besten nutzt du eine Tabelle mit der jeweiligen Kategorie als Spaltenüberschrift. Jetzt geht die Arbeit los: Geh die Kontoauszüge Monat für Monat durch und trage jede Zahlung, die du nicht bereits als Fixkosten markiert hast, ein. Sobald du mit einem Monat fertig bist, summierst du alle Zahlen in jeder Spalte. Solltest du kein Fan der Kartenzahlung sein und dir regelmäßig Geld abheben, das du in bar ausgibst, dann schreibe dir einfach auf, wie viel Geld du jeden Monat abgehoben hast.

VARIABLE KOSTEN MONAT 1:

	Lebens-mittel	Transport	Kleidung	Freizeit	…
SUMME					

ÜBERTRAGE DIE TABELLE AUCH FÜR die anderen beiden Monate. Die Summen aus den einzelnen Kategorien trägst du in die nachfolgende Tabelle ein. Somit kannst du auch hier den Durchschnittswert der letzten drei Monate bilden.

VARIABLE KOSTEN	**MONAT 1**	**MONAT 2**	**MONAT 3**	**DURCHSCHNITT**
Lebensmittel				
Transport				
Kleidung				
Freizeit				
…				
…				
…				
SUMME				

ZIEHE ANSCHLIESSEND von deinen durchschnittlichen Einnahmen Fixkosten und variable Kosten ab.

Durchschnittliche Einnahmen		________	€
Abzüglich durchschnittlicher Fixkosten	–	________	€
Abzüglich durchschnittlicher variabler Kosten	–	________	€
DEIN ERGEBNIS	=	________	€

WIE GEHT ES DIR MIT DEM ERGEBNIS? ÜBERRASCHT? Egal, ob eine positive oder negative Zahl herausgekommen ist, wichtig ist, dass dir so bewusst wird, wie du mit deinem Geld haushaltest. Und selbst wenn du enttäuscht vom Ergebnis bist, dann ist das kein Grund zur Sorge. Ab heute packst du deine Finanzen aktiv an!

Jetzt, wo du deine Finanzlage kennst, kannst du sie aktiv beeinflussen. Vielleicht ist dir beim Eintragen der vielen Zahlen schon etwas aufgefallen. Hast du ein Abo entdeckt, das du seit Ewigkeiten nicht mehr nutzt? Fährst du mit dem Auto, obwohl du eine Monatskarte für die Bahn hast? Würde auch ein Restaurantbesuch weniger pro Monat o.k. sein? Gibst du doch mehr für Kleidung aus, als du dachtest?

SCHREIBE DEINE ERKENNTNISSE AUF:

____

____

____

____

____

DAMIT DU AUCH ZUKÜNFTIG eine gute Übersicht hast: Führe ein Haushaltsbuch mindestens über die nächsten drei Monate. Noch besser, wenn du es ein Jahr lang schaffst, dann kannst du auch kostenintensive Zeiten abdecken, wie Urlaub oder Weihnachten. Schon allein das Ausfüllen des Haushaltsbuches wird dir mehr Bewusstsein für deinen Umgang mit Geld bringen. Wie du das machst, ist dir überlassen: Nimm dir ein Notizbuch und trage alle Daten ein, du kannst dir auch ein vorgefertigtes Haushaltsbuch bestellen, eine Exceldatei ausfüllen oder eine App nutzen. Einen Download für eine Exceldatei findest du auf meiner Website **www.imfinanzdschungel.de/Buchbonus**

Wenn du ein Notizbuch nimmst, empfehle ich dir, eine Tabelle mit Fixkosten zu machen und diese dort monatlich einzutragen (wie auf Seite 40). Auf den folgenden Seiten schreibst du für jeden Monat die variablen Kosten auf. Wenn du magst, direkt sortiert nach Kategorien. Ganz wichtig: kein Perfektionismus! Fang einfach an, du kannst dein System im Laufe der Zeit immer wieder ändern, bis es perfekt zu dir passt.

TIPPS
für das Haushaltsbuch

- **LASS DIR ÜBERALL** einen Kassenbon geben. Stecke die Bons in dein Portemonnaie oder sammle sie zu Hause in einer Box. So musst du dich nur einmal pro Woche oder Monat hinsetzen und alle deine Zahlungen in dein Haushaltsbuch eintragen.
- **ALTERNATIV:** Zahle, wenn möglich, immer per Karte. Dann brauchst du am Ende des Monats nur deinen Kontoauszug durchzugehen. Viele Banken bieten im Onlinebanking auch eine Finanz-

analyse an, d. h. deine Bank sortiert deine Buchungen bereits in Kategorien ein. Wenn du das nutzen möchtest, solltest du dir anschauen, ob die Zahlungen den richtigen Kategorien zugeordnet sind. Du musst das Programm ggf. anlernen und sonstige Zahlungen in die richtigen Kategorien einordnen. Dann hast du recht bald ein automatisiertes Haushaltsbuch.

- **EINFACH AUSPROBIEREN.** Vielleicht fängst du an, am Laptop dein Haushaltsbuch zu führen, weil es praktisch erscheint. Dann probierst du das Notizbuch aus und nach zwei Monaten fällt dir auf, dass es praktischer ist, Geld sofort, sobald du es ausgegeben hast, in eine App auf deinem Smartphone einzutragen. Teste, was sich für dich praktikabel anfühlt.
- **AUCH KLEINBETRÄGE EINTRAGEN:** das Brötchen beim Bäcker, der Coffee to go, das Parkticket. Gerade solche kleinen Beträge können sich im Laufe eines Monats ziemlich summieren (20 Coffee to go's für je 2,50 Euro auf dem Weg zur Arbeit summieren sich zu 50 Euro im Monat).
- **HALTE ALLES EINFACH:** Zu viele Kategorien können verwirren. Beispiel: Wenn ich im Supermarkt Gemüse und Reinigungsmittel kaufe, zählt es dann in die Kategorie »Lebensmittel« oder »Haushalt«? Es ist egal, Hauptsache ist, dass du die Rechnung erfasst hast.

DANKE, WENN DU BIS HIERHIN alle Schritte umgesetzt hast und mit deinem Haushaltsbuch begonnen hast. Es mag sich zu Beginn anstrengend anfühlen, aber du wirst den Mehrwert schnell erkennen. Vermutlich hast du schon Posten entdeckt, die du im nächsten Monat reduzieren möchtest. Vielleicht hast du schon einen Vertrag entdeckt, den du wechseln oder kündigen möchtest.

Ich kann dir aus eigener Erfahrung sagen: Mir macht es inzwischen sogar Spaß, die Zahlen am Ende des Monats zu analysieren und Sparpotenziale herauszufinden.

Was hast du geschätzt,
wie viel du monatlich für Lebensmittel ausgibst?

______________ €

Wie viel hast du tatsächlich letzten Monat ausgegeben?

______________ €

DEINE NÄCHSTEN SCHRITTE

1. Entscheide dich, wie du dein Haushaltsbuch für die nächsten drei Monate führen möchtest? Per App oder im Notizbuch?

____

2. Mache jetzt den ersten Eintrag:

____

____

____

____

____

ZUSAMMENFASSUNG

Beim Haushaltsbuch geht es darum, einen Überblick über deine Einnahmen und Ausgaben zu bekommen. Dafür erfasst du alle Zahlungen im Laufe eines Monats. Dein Ziel sollte es sein, dass deine Ausgaben kleiner sind als deine Einnahmen.

5 | DEIN NOTGROSCHEN

RETTUNGSBOOT FÜR NOTFÄLLE

Inzwischen hast du einen sehr guten Überblick *über deine persönliche Lage in deinem Finanzdschungel. Du bist einige Tage Richtung Osten gewandert, hast Flüsse überquert und Wildpflanzen gegessen. Obwohl du zu Beginn noch Angst vor der Wanderung hattest, genießt du mittlerweile deinen Weg durch die Natur. Inzwischen lichtet sich der Weg etwas, du hast einen Pfad aus dem dunkelsten Dschungel gefunden. Irgendetwas hat sich verändert, die Luft schmeckt salzig und du hörst ein leises Meeresrauschen. Du folgst diesem Geräusch für ein paar Meter – und tatsächlich, du bist an einem Strand angekommen.*

Die erste Etappe heraus aus dem Dschungel ist geschafft. Du hast dich aus dem gröbsten Dickicht befreit. Jetzt schaust du auf deine Schatzkarte, denn dort sind einige Inseln eingezeichnet. Die erste kannst du bereits erkennen. Sie ist nur ein paar hundert Meter entfernt. Schwimmen ist keine Option, dein Rucksack und die mühsam gesammelte Nahrung würden dabei nass werden. Also muss ein Floß her – es wird dich sicher über das Wasser tragen, es wird dafür sorgen, dass dein Rucksack trocken bleibt, und verhindern, dass du untergehst. Also machst du dich daran, die nötigen Materialien zusammenzusammeln und das Floß zu bauen.

WENN DU AN EIN FLOSS DENKST, dass dich sicher über das Meer trägt, dann meint das in finanzieller Hinsicht deinen Notgroschen. Er stellt, bildlich gesprochen, unser Rettungsboot für Notfälle dar. Was ist ein Notgroschen? Dein gespartes Geld, an das du jederzeit rankommst und welches dich in Notsituationen rettet. Beispiele dafür sind:

- Du verlierst deinen Job und du musst ein paar Monate überbrücken, bis du Arbeitslosengeld ausgezahlt bekommst oder einen neuen Job findest.
- Du ziehst um, bekommst die Kaution der alten Wohnung erst in zwei Monaten wieder, musst aber schon die Kaution für die neue Wohnung zahlen.
- Dein Auto geht kaputt. Du bist aber darauf angewiesen, um zur Arbeit zu kommen.
- Die Zahnarztrechnung kostet dich mehrere hundert Euro.
- Als Selbstständige fällt dein Einkommen aus, weil du Familienangehörige pflegen musst.
- Dein Laptop geht kaputt, diesen brauchst du aber unbedingt für dein Studium.
- Du besitzt ein Haus, und plötzlich fällt die Heizung aus und du musst die Anlage erneuern.

MIT EINEM FINANZIELLEN PUFFER fühlen sich die meisten von uns sicherer. Aber wie hoch sollte diese Rücklage sein? Die gängigen Empfehlungen sprechen von mindestens drei monatlichen Nettogehältern. Eine andere Empfehlung ist die Summe, die nötig ist, um dich und deine engsten Angehörigen sechs Monate entspannt zu ernähren (sprich: um Fixkosten zu decken und deine durchschnittlichen Lebenshaltungskosten aufbringen zu können). Welche Höhe des Notgroschens für dich genau richtig ist, kannst nur du selbst entscheiden. Beantworte dazu die folgenden Fragen:

Ermittlung deines Notgroschens

1. Welche Personen sind von deinem Einkommen abhängig?

____

2. Welche Notsituation könnte eintreten, die dir am meisten Angst macht? Und was würde diese kosten?

____

3. Wie hoch sind die monatlichen Ausgaben, die du in jedem Fall hast? Und zwar für dich und die Personen, die ggf. von dir abhängig sind, wie deine Kinder. Schau in dein Haushaltsbuch und addiere Fixkosten und notwendige variable Kosten:

____

4. Für wie viele Monate sollte dein Polster reichen, damit du dich ganz entspannt zurücklehnen kannst?

____

5. Wie hoch soll nun also dein Notgroschen sein? Ich empfehle hier, abzuwägen, welcher Fall wahrscheinlicher ist. Wähle entweder die Notsituation (Punkt 2) oder, wenn du einen Jobverlust befürchtest, multipliziere deine Ergebnisse von Frage 3 mit denen von Frage 4.

____

SEHR SCHÖN, JETZT HAST DU DEFINIERT, mit welchem finanziellen Polster du dich richtig wohlfühlst. Vielleicht liegt das Geld sowieso auf deinem Girokonto oder auf einem alten Sparbuch. Dann erfährst du im nächsten Kapitel, wo du deinen Notgroschen am besten lagerst.

Vielleicht hast du das Geld aktuell nicht einfach so übrig und fragst dich, wie du diese Summe jemals ansparen sollst. Die Antwort ist: in kleinen Schritten. Den ersten Schritt hast du bereits getan, indem du die Summe ausgerechnet hast, die du als Notgroschen ansparen möchtest. Jetzt kannst du dir überlegen, ob du monatlich eine kleine Summe dafür zurücklegen kannst. Kannst du 10 oder 50 Euro für deinen Notgroschen abzweigen? Dann starte damit und lege das Geld zur Seite. Eine Zielgröße könnte es sein, monatlich 10 Prozent von deinem Nettogehalt zu sparen. Vielleicht fließt in den nächsten Monaten auch alles zusätzliche Geld direkt in den Notgroschen, egal, ob es das Weihnachtsgeld ist, die 5 Euro, die dir deine Oma zugesteckt hat, oder die Steuererstattung. So wächst dein Notgroschen langsam an. Gleichzeitig merkst du, dass du gelassener wirst, weil du keine Angst mehr zu haben brauchst, dass morgen dein Auto oder deine Waschmaschine kaputtgeht. Im Notfall hast du das Geld griffbereit auf deinem Konto.

Bitte beachte bei der Auswahl deiner Anlageform für den Notgroschen, dass eine schnelle Verfügbarkeit im Zweifel besser ist, als ein Prozent mehr Zinsen zu bekommen. Außerdem ist es sinnvoll, den Notgroschen nicht in Aktien und anderen Wertpapieren anzulegen, denn dort kann der Wert täglich schwanken. Es wäre nämlich sehr ungünstig, wenn du den Notgroschen genau dann brauchst, wenn die Marktlage schlecht ist.

Deswegen empfehle ich dir ein Tagesgeldkonto. Was das ist und welche anderen Möglichkeiten es gibt, dein Geld zu verwahren, erfährst du im nächsten Kapitel. Beachte, dass der Notgroschen wirklich nur für unvorhergesehene Ausgaben gedacht ist, nicht etwa für den nächsten Urlaub. Solltest du den Begriff Notgroschen befremdlich finden, kannst du ihn für dich gedanklich auch umbenennen, z. B. in Spargroschen, Reserve oder Geldspeicher.

DEINE NÄCHSTEN SCHRITTE

1. Schreibe dir auf, mit welcher Höhe deines Notgroschens du dich wohlfühlst.

____

2. Überlege dir, wie du Geld für den Notgroschen sparen kannst.

____

____

____

____

____

ZUSAMMENFASSUNG

Dein Notgroschen schützt dich davor, für ungeplante und unvorhergesehene Ausgaben Schulden machen zu müssen. Er ist dein persönliches Sicherheitspolster und sollte dein erstes Sparziel sein, noch bevor du mit dem Investieren beginnst.

6 | DIE BARGELDINSEL

WOHIN
MIT DEM BARGELD?

WELCHE KONTEN
BRAUCHE
ICH?

Inzwischen hast du dir dein Rettungsfloß gebaut *und steuerst die erste Insel in deinem Sichtfeld an – es ist die Bargeldinsel. Es gibt nur eine Bucht, an der du sicher anlegen kannst, links und rechts davon sind die Klippen zu steil, um die Insel betreten zu können. Du steuerst also auf den seichten Strand zu, läufst die letzten Meter durch das lauwarme Wasser, sicherst dein Floß am Strand und machst dich auf, durch das dichte Gestrüpp die Insel zu erkunden. Noch bist du nicht sicher, wonach du eigentlich suchen sollst. Also läufst du aufmerksam über die Insel. Auf deiner Schatzkarte ist in der Mitte der Insel ein Kreuz eingezeichnet, direkt neben einer Baumgruppe von drei Laubbäumen. Neugierig suchst du dir einen Weg durch den dichten Dschungel. Bis auf ein paar Vögel scheint es hier keine Tiere zu geben. Irgendwann stößt du auf eine Lichtung, und genau dort stehen, umgeben von grünem Gras, drei große Laubbäume. Das muss wohl die Baumgruppe sein, die auf deiner Schatzkarte eingezeichnet ist. Aber was genau sollst du hier suchen?*

Sollst du nach dem Schatz graben oder in die Baumkrone klettern? Da du keine Schaufel dabeihast, entscheidest du dich erst einmal für das Klettern. Da! In einem morschen Ast ist ein großes Loch und dort glänzt etwas. Du streckst dich und greifst danach. Es ist ein leicht angerosteter verschnörkelter Schlüssel. Etwas enttäuscht, dass hier doch kein Schatz vergraben ist, nimmst du den Schlüssel mit. Vermutlich ist der Weg zum goldenen Schatz doch etwas länger und wird mehr Ausdauer benötigen. Auch wenn du jetzt mit dem Schlüssel noch nichts anfangen kannst, hilft er dir vielleicht später, die Schatztruhe zu öffnen. Vielleicht musst du auf jeder Insel einen solchen Schlüssel finden, um dann am Ende an den Schatz zu kommen?

SOLLTE DEIN WEG DURCH DEN FINANZDSCHUNGEL etwas weiter sein, um den kompletten Durchblick zu gewinnen, dann kannst du mit diesem Kapitel die Grundlagen schaffen. Insbesondere der Vermögensaufbau ist eine Aufgabe, die Ausdauer erfordert. Du hast die Entscheidung getroffen, dass du einen Notgroschen benötigst, und angefangen, dafür zu sparen. Aber wo lagerst du das Geld? Im Sparschwein? Auf dem Girokonto? Oder doch auf dem Sparbuch, das deine Oma für dich vor zwanzig Jahren angelegt hat?

Welche verschiedenen Möglichkeiten es gibt, dein gespartes Geld zu deponieren, stelle ich dir nachfolgend vor. Dazu erkläre ich auch die Vor- und Nachteile der gängigen Modelle.

6.1 | SPARSCHWEIN, SPARBUCH UND CO. – DIE KLASSIKER

OB DU EIN SPARSCHWEIN HAST, du dein Bargeld im Portemonnaie sammelst oder dein Bargeld irgendwo zu Hause liegt – dort wird es sich nicht vermehren. Sicherlich ist es ratsam, immer etwas Bargeld zu Hause zu haben, um auch mal Kleinigkeiten in bar zahlen zu können. Falls du mehrere hundert oder tausend Euro zu Hause lagerst, dann sei dir bewusst, dass sie da an Wert verlieren werden, selbst, wenn du dieses Geld nicht ausgibst. Wieso? Das liegt an der Inflation. Inflation bedeutet, dass du dir im nächsten Jahr vom gleichen Geld weniger kaufen kannst. Wenn du dir heute den Einkaufskorb voll Lebensmittel packst und 100 Euro dafür zahlst und in einem Jahr genau die gleichen Lebensmittel einpackst, wirst du höchstwahrscheinlich 102 Euro dafür zahlen müssen. Gut sieht man das am Preis für ein Stück Butter: Kannst du dich noch an Zeiten erinnern, als die Butter 99 Cent gekostet hat? Was kostet die Butter heute?

Bedenke beim Sparen von Bargeld auch, dass es inzwischen bei den meisten Banken eine Gebühr kostet, Geld auf dein Konto einzuzahlen. Du benötigst also Alternativen, um dein Geld sicher und mit schnellem Zugriff zu verwahren.

Das **Sparbuch** – manchmal als Sparkonto bezeichnet – ist eine der beliebtesten Geldanlagen der Deutschen. Das Geld ist erst einmal aus den Augen, und wenn du nach längerer Zeit wieder auf dein Sparbuch schaust, freust du dich über das Geld, an das du schon lange nicht mehr gedacht hast. Diesen Effekt kannst du auch mit einem Tagesgeldkonto erzielen. Denn nicht nur, dass du sehr wahrscheinlich keine Zinsen auf dein Sparkonto bekommst, du verlierst wegen der Inflation auch hier Geld. Außerdem ist ein Sparbuch unflexibel, du kommst nicht sofort an dein Geld. Falls du die gesamte Summe benötigst, gibt es eine Kündigungsfrist von meist drei Monaten. Sollte dir dein Sparbuch beim Errechnen deines Nettovermögens in die Hände gefallen sein, dann überlege dir, ob dein Geld weiterhin dort gebunden sein soll oder ob du eine bessere Alternative als Geldanalage nutzen möchtest.

Frage dich, was das Sparziel war, als du das Sparbuch eingerichtet hast. Möchtest du dir diesen Wunsch jetzt erfüllen? Möchtest du mit dem Geld deinen Notgroschen aufstocken? Möchtest du das Geld investieren? Oder dir etwas davon gönnen? Dann triff jetzt eine Entscheidung und mach dich mit deinem Sparbuch gleich auf den Weg zu deiner Bank, um das Sparbuch vor Ort aufzulösen. Alternativ gibst du in eine Suchmaschine deiner Wahl »Kündigung Sparbuch« ein, lädst dir eine Briefvorlage herunter, füllst diese mit deinen persönlichen Daten aus, druckst sie aus – und dann ab damit zur Post. Beachte, dass dir das Geld je nach Kündigungsfrist ggf. erst in ein paar Monaten zur Verfügung steht. Genau das macht diese Geldanlage eher unflexibel.

Früher wurde ein **Bausparvertrag** – neben seinem eigentlichen Zweck, der Baufinanzierung –, genutzt, um Geld für Kinder oder Enkel anzulegen. Er kommt für dich in Frage, wenn du wirklich vorhast, ein Haus zu kaufen, zu bauen oder zu renovieren. Ein Bausparvertrag funktioniert so: Du legst eine Bausparsumme fest. Davon sparst du über mehrere Jahre ca. die Hälfte der Summe an. Dann bist du berechtigt, ein Darlehen (Kredit) in Höhe der Bausparsumme aufzunehmen, die du zu Beginn des Vertrages festgelegt hast. Das Ganze kann attraktiv sein, weil du dir ggf. niedrige Tilgungszinsen, bereits zu Vertragsabschluss, sichern kannst. Allerdings zahlst du für Bausparverträge eine einmalige Abschlussgebühr und eine jährliche Kontoführungsgebühr, weswegen du gut durchrechnen musst, ob sich so ein Vertrag für dich lohnt. Außerdem bist du oft über mehrere Jahre an den Vertrag gebunden. Du solltest dir beim Abschluss eines solchen Vertrages sicher sein, dass du vorhast, ein Haus zu kaufen. Du merkst hier, ein Bausparvertrag ist heute keine gängige Methode mehr, um Geld zu vermehren, und erst recht nicht, um Geld anzulegen.

Weder Sparschwein noch Sparbuch oder Bausparvertrag haben attraktive Zinsen, außerdem sind sie eher unflexibel. Was sind dann deine Alternativen?

6.2 | GIROKONTO, TAGESGELD UND DEPOT – DEINE NEUE GRUNDLAGE

OHNE EIN GIROKONTO KOMMST DU heutzutage nicht weit, du könntest weder Miete zahlen, noch würdest du dein Gehalt von deinem Arbeitgeber oder staatliche Leistungen bekommen. Es ist die Grundlage für den bargeldlosen Zahlungsverkehr. Vermutlich hast du mindestens ein Girokonto. Schau doch einmal nach, ob du eines oder mehrere hast und welche Bankgebühren du monatlich bzw. jährlich dafür zahlst. Bei Onlinebanken (auch als Direktbanken bezeichnet) gibt es oft kostenlose Konten, bei Filialbanken wie Sparkassen und Volksbanken werden hingegen meist hohe Gebühren fällig. Entscheide für dich, ob es dir dieses Geld wert ist und du die angebotenen Leistungen, wie Beratung am Schalter, überhaupt nutzt.

Schau dir einmal die Konditionen deines Girokontos an – wie viele Kontoführungsgebühren zahlst du? Gibt es Leistungen, die du regelmäßig nutzt, die ebenfalls Gebühren kosten (z. B. Ausdruck der Kontoauszüge, Kosten pro Überweisung)? Gibt es eine (Online-) Bank, bei der du bessere Konditionen bekommst?

Ein Wechsel ist heutzutage unkompliziert, da viele Banken einen Kontenwechselservice anbieten. Das bedeutet, dass du von deiner bisherigen Bank eine Liste bekommst mit allen Unternehmen, die innerhalb der letzten 13 Monate Geld von deinem Konto eingezogen haben. Damit kannst du entscheiden, welche dieser Firmen von deiner neuen Bank über die neue Kontoverbindung informiert werden soll.

Bei einigen Girokonten gibt es eine kostenlose ***Kreditkarte*** dazu. Prüfe, ob die Kreditkarte auch langfristig kostenlos ist und nicht nur im ersten Jahr. Überlege dir, ob du eine Kreditkarte benötigst. Sie wird häufig zum Onlineshopping benötigt (z. B.

Anzahlung eines Urlaubs). Wenn du dich ab und an im Ausland aufhältst, kannst du mit Kreditkarten meist kostenlos Geld an Bankautomaten abheben oder bargeldlos bezahlen. Das hat durchaus Vorteile, wie ich finde.

EIN GIROKONTO IST WIE EIN DIGITALES PORTEMONNAIE, ab und an kommt Geld rein, häufig gibst du den Großteil deines Geldes wieder aus. Zum Sparen ist dieser Ort nicht geeignet. Viel zu groß ist die Versuchung, das Geld auszugeben, weil es gerade da ist.

Die bessere Alternative zum Sparbuch ist das ***Tagesgeldkonto***. Das ist ein gesondertes Konto, bei dem du jeden Tag Geld ein- und auszahlen kannst. Im Normalfall hat es keine Giro- oder Kreditkarte, sodass du kein Geld davon abheben kannst. Allerdings kannst du dir zu jeder Zeit das Geld auf dein Girokonto überweisen. Da das Tagesgeldkonto ein Onlinekonto ist, schaust du nicht jeden Tag drauf und kannst das Geld nicht »aus Versehen« im Alltag ausgeben. Deswegen eignet sich dieses Konto besonders gut zum Ansparen deines Notgroschens. Bei einigen Tagesgeldkonten gibt es sogar kleine Zinsen.

Etwas mehr Zinsen gibt es auf dem ***Festgeldkonto***. Festgeld bedeutet, dass du einen bestimmten Geldbetrag über einen festgelegten Zeitraum anlegst und dafür einen vorab festgelegten Zinssatz bekommst. Im Ausgleich für die höheren Zinsen kommst du nicht flexibel an das Geld ran, eine Kündigung ist erst zum Ende des vereinbarten Zeitraumes möglich. Sei dir also bewusst, dass du nur Geld anlegst, das du in den nächsten ein bis drei Jahren nicht benötigst. Wenn du bereits weißt, dass du dir in fünf Jahren ein Haus kaufen willst, und schon Geld angespart hast, könnte Festgeld eine gute Geldanlagemöglichkeit für dich sein. Wenn du dein Geld stattdessen im Aktienmarkt anlegen würdest, gäbe es zwar höhere Renditen, gleichzeitig ist das Risiko zu hoch, dass sich die Märkte gerade schlecht entwickeln, wenn du dein Geld für den Hausbau benötigst. Mit einem Festgeldkonto weißt du ganz genau, was du erwarten kannst und wann du wieder an dein Geld rankommst. Obwohl die Zinsen auf Festgeldkonten aktuell eher gering sind, kann es einen psychologischen Effekt auf dich haben, Geld fest zur Seite zu legen, sodass du es nicht für Konsum oder den nächsten Urlaub ausgeben kannst.

EIN DEPOT IST EIN DIGITALER TRESOR für deine Wertpapiere. Es ist eine Grundlage, um in Aktien, Fonds oder ETFs zu investieren. Hast du vielleicht bei deiner Bank einen Sparvertrag für einen Fonds laufen? Dann besitzt du bereits ein Depot. Ein Depot beinhaltet immer auch ein Girokonto, auch Verrechnungskonto genannt. Sobald du Wertpapiere gekauft hast, wird in deinem Depot angezeigt, welche Wertpapiere du besitzt und wie viel diese aktuell wert sind. Ein Depot kannst du bei verschiedenen Banken eröffnen. Eine solche Bank nennt man »Broker« – ein anderes Wort für »Depotbank«. Das klingt komplizierter, als es ist.

Ein Depot kannst du mit deinem Onlinebanking vergleichen. Du überweist dir also Geld auf das Depot-Girokonto und kannst dir davon Wertpapiere kaufen. Das geht übrigens ab Beträgen von 25 Euro, es ist also gar nicht so unwahrscheinlich, dass es für dich in Frage kommen könnte. In Kapitel 12 lernst du mehr über die Details.

Wenn du bereits ein Depot eröffnet hast, prüfe, ob du deiner Bank einen Freistellungsauftrag erteilt hast. Normalerweise musst du auf Kapitalerträge, z. B. Dividenden und Zinsen, Steuern zahlen, allerdings sind pro Jahr 801 Euro an Zinserträgen steuerfrei (bei Verheirateten 1.602 Euro). Damit deine Bank dir nicht erst Steuern auf deine Gewinne in Rechnung stellt, erlaubst du ihr, dir eine gewisse Zinshöhe steuerfrei auszuzahlen. Den Steuerfreibetrag von 801 Euro kannst du mit Hilfe des Freistellungsauftrages auf mehrere Banken inkl. Girokonten und Tagesgeldkonten aufteilen, da du vermutlich Konten bei verschiedenen Banken hast. Solltest du den Freistellungsauftrag nicht nutzen, kannst du dir Steuern, die du auf deine Zinsen und Dividenden gezahlt hast, über die Steuererklärung zurückholen.

DEINE NÄCHSTEN SCHRITTE

Beim Erfassen deines Nettovermögens ist dir bereits bewusst geworden, wie viele Konten du besitzt und wo du dein Geld lagerst. Schau dir die Konten nochmal genauer an und trage deine Ergebnisse in die Tabelle ein.

1. **Welche Konten (Girokonto/Tagesgeld/Sparbuch/Depot) besitze ich und bei welchen Banken?**
2. **Was kosten mich diese Konten an Kontoführungsgebühren?**
3. **Möchte ich ein Konto auflösen?**
4. **Benötige ich ein weiteres Konto wie z. B. ein Tagesgeldkonto?**

ART DES KONTOS	BANK	KONTOFÜHRUNGSGEBÜHR	AUFLÖSEN?

SOLLTEST DU AUF DIE FRAGE nach dem Kündigen oder der Neueinrichtung eines Kontos mit »ja« geantwortet haben, dann mach es am besten gleich. Recherchiere nach einem geeigneten Konto für dich bzw. drucke eine entsprechende Kündigung aus. Solltest du noch kein Depot haben, es aber interessant für dich klingen, mit Wertpapieren zu handeln, dann kannst du dich noch etwas gedulden. Für die Auswahl eines geeigneten Depots werde ich dir in Kapitel 12 weitere Hinweise geben.

ZUSAMMENFASSUNG

Für den Anfang solltest du ein Girokonto und ein Tagesgeldkonto besitzen. Später kann ein Depot hinzukommen. Das Tagesgeldkonto ist der ideale Ort, um deinen Notgroschen zu parken. Hinterfrage alle anderen Konten kritisch.

7 | DIE KREDITINSEL

RAUS AUS DEN SCHULDEN!

Mit dem ersten Schlüssel in deinem Rucksack *geht die Reise weiter. Zurück bei deinem Floß, schaust du nochmal auf die Schatzkarte, wo du dich hinbewegen musst. Die nächste Insel auf der Karte ist die Kreditinsel. Die steuerst du jetzt an. Schon von Weitem siehst du, dass diese Insel nicht annähernd so grün ist wie die letzte. Sie wirkt sehr karg und steinig. Viel Lust, auf dieser Insel nach dem zweiten »X« zu suchen, hast du nicht, allerdings bist du neugierig, ob es hier einen zweiten Schlüssel zu finden gibt. Du fragst dich, wofür das »X« auf dieser Insel steht.*

Um eine geeignete Anlegestelle zu finden, musst du fast um die ganze Insel herumfahren. Als du endlich angelegt hast, machst du dich gleich auf, um die Insel zu erkunden. Bereits nach kurzer Zeit stößt du auf eine tiefe Schlucht, die dir unüberwindbar erscheint. Das ist ärgerlich, denn der Schatz liegt der Karte nach offensichtlich auf der anderen Inselhälfte. Um die Schlucht einfach zu überspringen, ist sie zu breit. Du schaust, ob du eine bessere Möglichkeit zur Überquerung findest. Leider erfolglos. Es hilft nichts, es bleibt dir nichts anderes übrig, als eine Brücke aus Baumstämmen und Ästen zu bauen, um auf die andere Seite zu kommen. Da auf dieser Insel nicht viel wächst, musst du erst mühsam Material zusammensuchen und große Holzstücke vom Strand bis zur Schlucht ziehen.

Du baust dir schließlich mühsam einen Weg zur anderen Seite der Insel, auf der du sogar ein paar Grünpflanzen mit Früchten entdeckst. Vorsichtig, Schritt für Schritt, gehst du über die wackelige Konstruktion. Auf der anderen Seite angekommen, findest du den zweiten Schlüssel ganz schnell, er klemmt in einem Felsvorsprung. Es scheint also, als wäre auf jeder Insel ein Schlüssel versteckt. Ob die alle für den Schatz auf dem Festland, der mit dem großen Kreuz auf der Karte eingezeichnet ist, benötigt werden? Du machst dich wieder auf zum Floß, um deine Reise fortzusetzen.

FALLS DIE UNÜBERWINDBARE SCHLUCHT für dich dein Girokonto ist, das immer wieder ins Minus rutscht, dann möchte ich dir in diesem Kapitel eine Brücke bauen, damit du die Schlucht des Dispos endlich überwinden kannst.

Die gute Nachricht zuerst: Es gibt gute Schulden, bei denen du kein schlechtes Gewissen zu haben brauchst, einen Kredit abzuzahlen. Hier teile ich Schulden ganz pauschal in gute Schulden und schlechte Schulden ein, denn gute Schulden dienen dem Vermögensaufbau. Schlechte Schulden sind Verbindlichkeiten, die uns nur noch mehr Geld aus der Tasche ziehen, z. B. ein Autokredit. Dein Auto verliert nämlich Tag für Tag an Wert, noch dazu steigen mit dem Kilometerstand die Reparaturkosten. Hier eine Aufteilung:

GUTE SCHULDEN	SCHLECHTE SCHULDEN
Studienkredit (z. B. BAföG oder KfW)	Dispo
Immobilienkredit (insbesondere, wenn du diese vermieten möchtest und monatliche Mieteinnahmen erwartest)	Konsumkredite (z. B. Handy, Laptop, Fernseher, Auto, Reisen)

GUTE SCHULDEN VERMEHREN LANGFRISTIG dein Vermögen. Ein Investment in deine Bildung, in dein Wissen und in erste berufliche Erfahrungen wird dir später nützen, um entweder ein gutes Gehalt aushandeln zu können oder dir deine Selbstständigkeit aufzubauen. Bildungskredite (BAföG etc.) sind Kredite, die einen sehr geringen Zinssatz haben, sodass du dir beim Tilgen Zeit lassen kannst. Beim Bafög kannst du prüfen, ob dir ein Teil des Kredites erlassen wird, wenn du einen bestimmten Anteil auf einmal zahlst. In dem Fall lohnt es sich, für eine frühzeitige Rückzahlung zu sparen.

Generell ist es bei guten Schulden nicht zwingend erforderlich, diese vor dem Ende der Laufzeit zurückzuzahlen. Bei Studienkrediten ist es häufig so, dass der Kreditzinssatz unterhalb der Inflation liegt und es sinnvoller ist, deine Ersparnisse zu investieren, um dein Geld langfristig zu vermehren. Jedoch zählen hier deine persönlichen Emotionen mehr als die rationalen Fakten. Solltest du dich unwohl fühlen, Schulden zu haben, und nach dem Aufbau des Notgroschens noch Geld verfügbar haben, kannst du deine Studienkredite frühzeitig zurückzahlen.

Der Kredit deines Hauses gehört zu den guten Schulden, da du von einer Wertsteigerung ausgehst bzw. zumindest davon, dass dein Haus einen gewissen Wert hat und du es verkaufen könntest, um an Geld zu kommen. In der Realität wirst du dein Haus wahrscheinlich nicht verkaufen, nur weil du knapp bei Kasse bist. Um den Hauskredit früher als geplant abzuzahlen und deine Schulden zu verringern, kannst du Sondertilgungen nutzen. Trotzdem werden dich die Kreditraten über mehrere Jahrzehnte begleiten. Das hindert dich aber nicht daran, parallel mit dem Vermögensaufbau zu beginnen. In Kapitel 13 gehe ich auf die grundsätzliche Entscheidung »Kaufen oder mieten«, genauer ein. An dieser Stelle nur schon einmal so viel: Den Kauf einer Immobilie solltest du nicht als Geldanlage betrachten, sondern als Entscheidung für einen Lebensstil.

ZU DEN SCHLECHTEN SCHULDEN zählt der Dispositionskredit, kurz Dispo. Dieser wird oft gar nicht als Kredit wahrgenommen. Trotzdem gehört er zu den Krediten, um deren Abzahlung du dich sofort kümmern solltest. Ein Dispositionskredit ist dafür gedacht, weiteres Geld verfügbar zu haben, wenn das Konto überzogen wird, also wenn du kurzfristig ins Minus rutschst. Das kann schnell passieren, wenn z. B. dein Arbeitgeber dein Gehalt zwei Tage später überweist, deine Miete aber bereits abgebucht wird. Die Zinsen sind sehr hoch (oft im zweistelligen Bereich!), doch das fällt oft nicht auf, weil sie mit den Kontoführungsgebühren meist quartalsweise abgebucht werden. Der Dispo wird bei der Eröffnung eines Girokontos automatisch eingerichtet, die Höhe hängt vom Gehalt ab. Viele Leute wissen gar nicht, dass sie ihn kündigen können, um gar nicht in die Versuchung zu kommen, diesen Kredit in Anspruch zu nehmen. Du solltest es vermeiden, deinen Dispo zu nutzen, denn er ist eine der teuersten Kreditformen.

Zu den klassischen Konsumkrediten zählen Kredite für Autos, Elektrogeräte oder Reisen – also Dinge, die du verkonsumierst und die durch Abnutzung bzw. Nutzungsdauer ihren Wert verlieren. Für den Verkauf deines zwei Jahre alten Smartphones bekommst du nur einen Bruchteil des ursprünglichen Kaufpreises. Sobald du den Kredit abbezahlt hast, ist das Gerät schon fast wieder wertlos und es steht die Anschaffung des Nachfolgegeräts an. So bleibst du in der Kreditspirale mit teuren Zinsen hängen.

Langfristig sollte es dein Ziel sein, vorab für die Geräte zu sparen und sie erst zu kaufen, wenn du sie dir leisten kannst. Beispiel: Wie häufig kaufst du dir ein Smartphone und was kostet das? Wenn du dir alle 24 Monate ein Smartphone leistest, das 600 Euro kostet, dann solltest du dafür monatlich 25 Euro zur Seite legen (z. B. auf ein Tagesgeldkonto). Erst wenn du die Summe gespart hast, kaufst du dir dann das neue Smartphone und verzichtest somit auf einen teuren Vertrag.

ZU DEN GUTEN WIE AUCH DEN SCHLECHTEN Schulden gleichermaßen zählen Kredite bei Freunden und Familie. Gut für dich ist, dass sie meist zinslos bzw. flexibel in der Rückzahlung sind. Schlecht ist, dass sie euer Verhältnis emotional belasten können.

Sei dankbar, dass du so hilfsbereite Menschen in deinem Umfeld hast, aber glaub mir, du wirst dich besser fühlen, sobald du diese Last der Schulden los bist.

Konzentriere dich nachfolgend auf den Abbau der schlechten Schulden. Wie konkret stellst du das an? Welche Schritte kannst du gehen, um aus der Schuldenspirale rauszukommen?

7.1 | BESTANDSAUFNAHME

DIE SCHWIERIGSTE AUFGABE ZUERST: Mach dir eine Übersicht, wem du wie viel Geld schuldest. Welcher Zinssatz steckt jeweils dahinter? Es kann schmerzhaft sein, dir das alles so klar vor Augen zu führen, andererseits kannst du so verfolgen, wie die Summe an Schulden kleiner wird.

An dieser Stelle macht es Sinn, dich einmal durch deine Papierberge zu wühlen. Nimm dir einen Ordner und hefte alle Zahlungsaufforderungen und Mahnungen ein, um einen guten Überblick zu bekommen. Es gibt im Internet Disporechner; damit kannst du errechnen, wie hoch die Zinsen sind, die du zahlst, wenn du nichts an deiner Situation änderst. Das wird dich motivieren, auch die nächsten Schritte zu gehen.

AKZEPTIERE DIE SITUATION. Verurteile weder dich und deine »falschen« Entscheidungen und suche die Schuld auch nicht bei anderen, die dich in diese Lage gebracht haben. Es geht um deine Finanzen, und dafür hast nur du die Verantwortung. Schau nicht länger in die Vergangenheit, um dich zu ärgern, sondern verzeihe dir, dass du in dieser Situation gelandet bist.

Schau ab jetzt nach vorn. Verbuche die aktuelle Lage als Lernerfahrung. Du hast etwas über dich gelernt und weißt bereits jetzt, was du später vermeiden musst, um nicht wieder in die Schulden zu rutschen.

7.2 | METHODEN ZUM SCHULDENABBAU

ES MACHT SINN, ZUERST DIE KREDITE mit den hohen Zinsen abzuzahlen. Vermutlich ist dein erstes Ziel: ***Raus aus dem Dispo!*** Dispozinsen liegen, wie bereits erwähnt, häufig im zweistelligen Bereich! Hast du in Kapitel 3 zum Nettovermögen Geldreserven entdeckt, die dir gar nicht bewusst waren? Liegt zu Hause noch Bargeld herum? Besitzt du einen Bausparvertrag, den du auflösen willst, weil du gar nicht vorhast, ein Haus zu kaufen? Oder besitzt du ein Auto, das du verkaufen kannst, da du als Alternativen öffentliche Verkehrsmittel oder Carsharing hast? Nutze dieses Geld, um aus dem Schuldenkreislauf rauszukommen. Betrachte deine Situation mit klarem Blick. Welches Geld könntest du noch zur Verfügung haben, um es in die Kredittilgung zu stecken, bzw. was kannst du zu Geld machen? Kannst du bei den Krediten mit niedrigen Zinsen anfragen, ob du deine Restschuld auf kleinere Raten verteilen kannst, sodass du mehr Geld in die Abzahlung der teuren Kredite stecken kannst?

Alternativ dazu kannst du die ***Schneeball-Methode*** nutzen, falls diese mehr deinem Persönlichkeitstyp entspricht. Vielleicht hast du viele verschiedene Kredite und schon alleine die

Liste mit den verschiedenen Personen und Institutionen, denen du Geld schuldest, macht dich nervös. Dann könnte dieses Vorgehen für dich geeignet sein: Bemühe dich, zunächst die monatliche Tilgungsrate pünktlich zu zahlen. Dann wähle unter deinen Krediten den mit der geringsten Höhe und stecke alles verfügbare Geld in Sondertilgungen dieses Kredits. Sobald du das erledigt hast, bist du bereits einen Kredit los. Dann steckst du die nun entfallende Rate zusätzlich in die Sondertilgung des zweitniedrigsten Kredits. Dieses Vorgehen wird dich motivieren, am Ball zu bleiben, und es bringt schnelle Erfolgserlebnisse.

UMSCHULDEN: BEI MEHREREN KREDITEN kann es sinnvoll sein umzuschulden. Das bedeutet, einen neuen Kredit mit günstigerem Zinssatz aufzunehmen und damit die bestehenden Kredite abzulösen. Diese Kredite nennen sich »Ratenkredite«. Achte darauf, dass du die monatliche Rate wirklich zahlen kannst und dass es Möglichkeiten zur Sondertilgung gibt. Prüfe bei der Umschuldung, dass keine Vorfälligkeitsentschädigung bei deinen bestehenden Krediten anfällt; das bedeutet, dass du eine Strafgebühr zahlen müsstest, wenn du den Kredit früher zurückzahlst. Oft wird dir zum Abschluss eines neuen Kredits eine teure Restschuldversicherung angeboten, die du in Wirklichkeit nicht benötigst. Diese Versicherung zahlt im Falle von längerer Krankheit oder Arbeitslosigkeit deine Kreditraten weiter, sie ist allerdings verhältnismäßig teuer und du solltest auch wissen, dass sie – entgegen der Zusicherung – nur in den seltensten Fällen zahlt.

7.3 | DEINEN UMGANG MIT GELD VERÄNDERN

WENN DU ES BISHER NOCH NICHT GEMACHT HAST, dann ist es spätestens jetzt an der Zeit: Führe konsequent ein Haushaltsbuch und hinterfrage bei allen Zahlungen, ob diese wirklich nötig sind. Arbeite Kapitel 4 noch einmal durch, falls du das noch nicht gemacht hast.

ACHTE DARAUF, DASS DU STETS genügend Guthaben auf deinem Girokonto hast, um Miete, Strom und Heizung zu bezahlen. Niemand will Ärger mit seinem Vermieter. Finde heraus, an welchen Kalendertagen die Zahlungen abgebucht werden, und sorge dafür, dass bis dahin ausreichend Geld auf dem Konto bleibt.

BILDE DIR RÜCKLAGEN. Liste alle Zahlungen auf, die quartalsweise, jährlich oder halbjährlich anstehen, z. B. Versicherungen, Kfz-Steuer, Autoinspektion. Rechne diese Kosten in eine monatliche Sparrate um und lege das Geld zur Seite. So wirst du von den Zahlungen nicht überrascht.

MACHE ES DIR ZUR ROUTINE, REGELMÄSSIG auf deine Konten zu schauen, um Auffälligkeiten direkt zu bemerken. Es könnten fehlerhafte Abbuchungen auftreten oder ein Abo abgebucht werden, das du längst kündigen wolltest.

ÖFFNE DEINE BRIEFE ZEITNAH, auch wenn du Angst davor hast, weil du eine Mahnung oder eine andere unangenehme Botschaft im Brief vermutest. Vielleicht lässt du deinen Partner oder deine Partnerin die Briefe öffnen, um dir zu sagen, was drinsteht?

AUCH WENN DAS ABZAHLEN DEINER KREDITE wichtig ist, ist es sinnvoll, parallel einen Notgroschen für Rücklagen aufzubauen, selbst wenn die monatliche Sparrate dafür sehr klein ist. Du solltest diesen Puffer nutzen können, falls plötzlich das Auto kaputtgeht, das du für deinen täglichen Arbeitsweg benötigst. Damit vermeidest du wieder, den Dispo mit den teuren Kreditzinsen zu nutzen. Du könntest deinen Notgroschen z. B. nur mit Geld füttern, das du aus dem Verkauf von ungenutzten Sachen erzielst.

FORDERE EINE KOSTENLOSE KOPIE DEINER DATEN bei der Schufa an und prüfe, ob alle Angaben richtig sind. Die Schufa ist ein Unternehmen, das Daten über Verbraucher sammelt (z. B. deine Adresse, Auflistung deiner Kreditkarten, Handyverträge, Kreditverträge). Wenn du einen neuen Vertrag abschließt, kann deine Bank oder dein Vertragspartner bei der Schufa anfragen, ob du eine finanziell vertrauenswürdige Person bist.

7.4 | AUSGABEN SENKEN

NUTZE WÖCHENTLICHE BUDGETS. Zahlst du ständig mit Karte und merkst gar nicht, wann du in den Dispo rutschst? In Kapitel 4 zum Haushaltsbuch hast du ausgerechnet, wie viel Geld dir monatlich für variable Ausgaben bleibt. Nimm diesen Betrag und teile ihn durch vier (Wochen). Zum Anfang der Woche hebst du genau diesen Betrag als Bargeld ab und zahlst innerhalb der Woche damit. Versuche kein zweites Mal in dieser Woche Bargeld abzuheben. Wenn du siehst, wie viel Geld du noch im Portemonnaie hast, wirst du bewusster mit deinem Geld umgehen.

MACH KEINE ÜBEREILTEN KÄUFE. Du brauchst eine neue Waschmaschine, ein neues Auto oder einen neuen Fernseher? Das Angebot wird es morgen auch noch geben. Schlafe mindestens eine Nacht darüber, bevor du die Kaufentscheidung triffst. Setze dir ein Limit: z. B. für alle Anschaffungen, die mehr als 100 Euro kosten, nehme ich mir drei Tage Bedenkzeit.

Übe vorübergehenden Verzicht. Kannst du für die Dauer des Schuldenabbaus auf einen gewissen Luxus verzichten? Das wären z. B. Zigaretten, dein Coffee to go, Lieferdienste, Streamingdienste, Markenklamotten? Sobald dein Konto wieder dauerhaft im Plus ist, kannst du dich dann wieder mit einem kleinen Luxus belohnen und wirst ihn noch bewusster genießen.

ÜBERPRÜFE DEINEN HANDYVERTRAG. Hast du einen? Verträge sind in der Regel teurer, als das Smartphone selbst zu kaufen und einen Prepaid-Tarif abzuschließen. Denn ein Vertrag ist wie ein Kredit, bei dem du monatlich das neue Handy in Raten abbezahlst, sodass du das Handy doch bezahlst, obwohl du es laut Vertrag für null Euro erhältst. Klar bekommst du laut Vertrag alle zwei Jahre ein neues Smartphone, aber brauchst du das? Vielleicht würde dein altes auch ein drittes Jahr halten. Wusstest du, dass es sehr gute Smartphones auch generalüberholt zu kaufen gibt? Du wirst den Unterschied gar nicht merken. Gib in die Suchmaschine deiner Wahl ***Smartphone refurbished*** ein und schau dich um. Prüfe, ob du deinen Handyvertrag kündigen kannst!

Übrigens brauchst du dir keine Sorgen um den Wechsel deiner Telefonnummer zu machen. Für die Rufnummernmitnahme musst du zwar eine Gebühr bezahlen, diese schreibt dir der neue Anbieter aber wieder gut.

SCHLIESSE KEINE VERTRÄGE AUF DER STRASSE oder an der Haustür ab. Wenn du keine Bedenkzeit bekommst, um dir in Ruhe die Vertragsbedingungen durchzulesen oder eine Nacht über das Angebot zu schlafen, dann ist das Angebot unseriös und du solltest es dankend ablehnen.

VERMEIDE NULL-PROZENT-FINANZIERUNGEN. Nichts ist gratis, nicht mal die nullprozentige Finanzierung neuer Elektrogeräte oder Möbel. Klar mag das verlockend klingen, aber du bindest dir einen Kredit ans Bein, den du dir eigentlich nicht leisten kannst. Denn häufig gibst du dann das Doppelte für den neuen Fernseher aus, als du dir eigentlich vorgestellt hattest. Damit gerätst du noch tiefer in den Schuldenkreislauf.

Überlege dir stattdessen Alternativen. Hält dein alter Fernseher noch ein paar Monate durch und du legst 50 Euro monatlich zur Seite, bis das Geld für den neuen Fernseher reicht? Haben sich Freunde einen neuen Fernseher gekauft und wollen sie vielleicht ihren alten, gut erhaltenen günstig abgeben oder sogar verschenken? Gibt es ein Schnäppchen bei »e-Bay Kleinanzeigen«? Kaufe nur Dinge, die du bar (bzw. von deinem Guthaben auf dem Girokonto) zahlen kannst!

FAHRE BUS UND BAHN NUR mit gültigem Fahrschein, sonst wird dich die Strafe fürs Schwarzfahren wieder runterziehen.

AUCH WENN VERSICHERUNGEN VIEL GELD kosten, es ist unerlässlich, mindestens eine ***Privathaftpflichtversicherung*** (kostet in etwa 50 Euro im Jahr) sowie eine ***Krankenversicherung*** zu haben.

Die Krankenversicherung wird vom Arbeitgeber gezahlt. Solltest du aktuell nicht angestellt sein, musst du den Mindestbeitrag für deine Krankenversicherung zahlen. Prüfe, ob du

Versicherungen wechseln kannst, sodass du einen günstigeren Tarif nutzen kannst. In Kapitel 12 werde ich detaillierter darauf eingehen.

VERZICHTE VORÜBERGEHEND AUF ONLINE-SHOPPING. Alleine der Aufwand, in der realen Welt den richtigen Laden für das gewünschte Produkt zu finden und die Anfahrt zu organisieren, wird dich davon abhalten, es zu kaufen.

7.5 | EINNAHMEN ERHÖHEN

NUTZE SONDERZAHLUNGEN FÜR DIE SONDERTILGUNG deines Kredits, indem du Zahlungen wie Weihnachtsgeld, Urlaubsgeld oder eine Steuererstattung direkt auf dein Kreditkonto überweist. So wirst du schneller fertig mit der Abzahlung.

KANNST DU ZUSÄTZLICH EINKOMMEN GENERIEREN, das du komplett in die Abzahlungen deiner Schulden steckst? Kannst du z. B. einen Nebenjob annehmen, Blut oder Plasma spenden gehen, deine Wohnung entrümpeln und Dinge auf Flohmärkten oder Onlineportalen verkaufen? (Siehe dazu Kapitel 14.)

PRÜFE, OB DU STAATLICHE HILFEN wie z. B. Wohngeld in Anspruch nehmen kannst. (Siehe dazu Kapitel 14.1.)

HAST DU SCHON DEINE STEUERERKLÄRUNG abgegeben? Das kannst du für die letzten vier Jahre rückwirkend tun, und gerade, wenn du nicht verpflichtet bist, eine abzugeben, gibt es häufig eine Erstattung. (Siehe dazu Kapitel 9.)

7.6 | HILFE IN ASPRUCH NEHMEN

VERTRAUE DICH DEINEN FREUNDEN und/oder deiner Familie an. Du wirst überrascht sein, wie viel Verständnis sie haben werden. Vermutlich waren einige von ihnen auch schon in deiner Situation. Vielleicht hilft dir schon ein offenes Ohr, vielleicht könnt ihr gemeinsam Ideen entwickeln, wie du Geld sparen oder Ausgaben senken kannst. Gemeinsam werdet ihr schnell feststellen, dass ein Abend mit selbstgekochtem Essen zu Hause mindestens genauso viel Spaß macht wie ein Treffen in eurem Lieblingsrestaurant.

ES IST KEINE SCHANDE, EINE SCHULDNERBERATUNG aufzusuchen. Hier wird dir geholfen, einen konkreten Schritt-für-Schritt-Plan aufzustellen, um aus deinen Schulden rauszukommen. Die Beratung ist kostenlos, und zwar die ganze Beratung, nicht nur das Erstgespräch! Wenn du das Gefühl hast, dass du es nicht alleine schaffst, meine bisherigen Tipps umzusetzen, dann recherchiere gleich jetzt im Internet, wo eine solche Beratungsstelle in deiner Nähe ist, und vereinbare einen Termin!

DEINE NÄCHSTEN SCHRITTE

Hast du Kredite, die du zeitnah abzahlen willst?

O ja O nein

Falls ja:

1. Erstelle dir eine Übersicht über die noch ausstehenden Zahlungen und die Fristen!

____

____

2. Wie hoch sind deine Schulden, Stand heute? ____________________

3. Bis wann möchtest du schuldenfrei sein? ____________________

4. Lies dir nochmal meine Tipps aus diesem Kapitel durch. Welche drei konkreten Schritte wirst du ab morgen umsetzen?

____

____

____

____

____

VIEL ERFOLG BEIM ABBAU DEINER SCHULDEN! Wenn du diszipliniert dranbleibst, wirst du es schaffen! Auch die Tipps in den nächsten Kapiteln werden dir dabei helfen, dein Ziel schneller zu erreichen.

ZUSAMMENFASSUNG

Erstelle dir einen Plan, wie du deine schlechten Schulden schnellstmöglich abbauen kannst.

8 | DIE SPARINSEL

SPARTIPPS UND AUSGABEN SENKEN

Du schaust auf deiner Karte nach, *zu welcher Insel dich der gestrichelte Weg als Nächstes führt. Die nächste Insel ist gar nicht weit entfernt, und du kannst bereits von hier erkennen, dass sie üppig grün ist. Zum Glück, denn auf der letzten kargen Insel konntest du kein Trinkwasser finden. Hier wirst du deinen Durst sicherlich stillen können. Schon während du dein Floß an Land ziehst, hörst du Affengeschrei aus den Baumkronen. Inzwischen bist du dir sicher, dass du auch hier wieder nach einem Schlüssel suchen sollst, an der Stelle, wo das Kreuz auf deiner Schatzkarte eingezeichnet ist. Bevor du dich auf die Suche danach machst, erkundest du zunächst die Natur. Der Strand ist von Palmen gesäumt und es liegen einige Kokosnüsse auf dem Boden. Du öffnest eine, um aus ihr zu trinken. Die anderen sammelst du ein, um dir einen Vorrat an Kokoswasser anzulegen. Wer weiß, wann die nächste Durststrecke kommt.*

Nun ist es an der Zeit, nach dem dritten Schlüssel zu suchen. Auf der Schatzkarte ist das Kreuz neben einem Baum eingezeichnet, der eine scheinbar besondere Frucht trägt, die groß und stachelig ist. Da du keine Ahnung hast, welchen Weg du durch das Dickicht nehmen sollst, folgst du einfach dem Affengebrüll. Die Tiere werden sich bestimmt irgendwo aufhalten, wo es essbare Früchte gibt. Deine Suche dauert und dauert. Kurz bevor du verzweifelt aufgibst, entdeckst du den Baum, der auf der Karte eingezeichnet ist. Die reifen Früchte hängen üppig in der Baumkrone. Ganz oben im Geäst glitzert etwas in der Sonne, es ist der Schlüssel. Doch der Baum ist viel zu hoch und die Äste zu dünn, um daran hochzuklettern. Da du noch ein paar Kokosnüsse im Rucksack hast, nutzt du diese als Bälle und versuchst, den Schlüssel zu treffen, bis er runterfällt. Nach einigen Versuchen hast du es endlich geschafft. Du steckst den Schlüssel und deine Kokosnüsse ein und machst dich wieder auf den Weg zu deinem Floß. Dort lagerst du auch deinen Vorrat an Kokosnüssen.

AUCH IN DEINEM ALLTAG SOLLTE ES, bildlich gesprochen, möglich sein, ein paar Kokosnüsse einzusammeln, die du nicht für den täglichen Konsum benötigst. Damit kannst du dir einen Vorrat anlegen, den du entweder in schlechteren Zeiten nutzen oder gegen etwas anderes, einen besonderen Wunsch, eintauschen kannst. Wie könntest du mehr Kokosnüsse, sprich mehr Geld, ansparen? Ich höre häufig den Satz: Ich verdiene nicht viel Geld und am Ende des Monats ist mein Konto ständig im Minus, ich kann also unmöglich noch sparen. Damit du am Ende des Monats Geld zum Sparen übrig hast, wähle aus den folgenden Tipps die aus, die für dich umsetzbar sind.

8.1 | DEFINIERE EIN KONKRETES ZIEL

SETZ DIR EIN ZIEL! Sparen, nur um zu sparen, ist für viele Menschen nicht sonderlich attraktiv. Sobald du ein Sparziel hast, wird das Ganze schon spannender. Willst du dir einen tollen Urlaub am Meer leisten, dir ein Gefühl von Sicherheit durch einen Notgroschen aufbauen, brauchst du in den nächsten Jahren ein neues Auto, willst du dir eine Spülmaschine gönnen oder dir das neueste Smartphone leisten? Welche Summe benötigst du? Schreibe dein Sparziel auf und hänge den Zettel gut sichtbar in deiner Wohnung auf. Stelle dir vor deinem inneren Auge ganz genau vor, wie du dich fühlen wirst, sobald du dein Ziel erreicht hast.

Wofür willst du Geld sparen?

____

Was kostet dich dein Sparziel? _______________€

NACHDEM DU RECHERCHIERT HAST, was dich dein Sparziel kostet, ist es anschaulicher geworden. Glaube mir, mit einem konkreten Ziel vor Augen wirst du dein Sparziel schneller erreichen. Von hier aus hast du verschiedene Möglichkeiten:

a) Überweise jeden Euro, der zusätzlich reinkommt oder den du am Ende des Monats übrig hast, auf ein extra angelegtes Sparkonto (z. B. ein kostenloses Tagesgeldkonto, häufig kann man bei Banken sogenannte Unterkonten erstellen. Darauf kannst du dir von deinem Girokonto Geld überweisen und direkt beobachten, wie du dich deinem Sparziel näherst). Vielleicht ist es eine Spardose, die du gut sichtbar an einem Ort aufstellst, den du häufig siehst. Auf diese Spardose kannst du dir ein Foto deines Sparziels draufkleben.

b) Falls du schon ein Datum vor Augen hast, wann du dein Ziel erreichen möchtest, kannst du dir die monatliche Sparrate ausrechnen. Angenommen, du benötigst für deinen Urlaub in acht Monaten 1.000 Euro, dann solltest du von jetzt an monatlich mindestens 125 Euro dafür sparen. So kannst du gezielt nach weiteren Möglichkeiten suchen, wie du dein Sparziel erreichen kannst.

c) Verkaufe Dinge aus deinem Haushalt, die du nicht mehr nutzt, auf Flohmärkten oder Verkaufsportalen. Das so verdiente Geld überweist du dir auf dein Sparkonto.

8.2 | SPARMECHANISMEN AUFSETZEN

FOLGENDE TIPPS HELFEN DIR, ganz automatisch Geld zu sparen, ohne dass du viel darüber nachdenken musst.

1. ÜBERWEISE DEINE SPARRATE am Anfang des Monats auf dein Sparkonto. Dein Vermieter bekommt ganz selbstverständlich zu Beginn des Monats die Miete überwiesen. Auch deine Sparbeiträge solltest du am Anfang des Monats überweisen, anstatt nur zu sparen, was am Ende des Monats noch übrig ist. Du wirst sehen, dass du mit deinen Ausgaben weiterhin über den Monat kommen wirst und die Ausgaben für Lebensmittel und Kleidung sich dem geringeren verfügbaren Betrag anpassen. So bezahlst du dich selbst von deinem hart verdienten Geld zuerst, bevor du andere bezahlst. Lege gleich jetzt einen Dauerauftrag an, von deinem Girokonto auf dein Tagesgeldkonto. Nimm erst einmal eine Summe, die sich für dich realistisch anfühlt, anpassen kannst du sie später jederzeit. Wähle als Datum zwei Tage nach deinem Gehaltseingang. Falls es einmal tatsächlich nicht reichen sollte, kannst du dir jederzeit Geld vom Tagesgeldkonto zurücküberweisen. Damit hast du dein Sparen automatisiert. Du brauchst dir keine Gedanken mehr darüber machen, dass am Ende des Monats noch Geld für den nächsten Urlaub übrig sein soll.

2. NUTZE DAS 6-KONTEN-MODELL. Dieses Modell sieht Budgets für deine Ausgaben vor. Ausgehend von deinem Nettoeinkommen teilst du dieses auf folgende Budgets auf:

- 50 Prozent für deine laufenden Ausgaben (Miete, Fixkosten, Lebensmittel)
- 10 Prozent für das langfristige Sparen (für deine Altersvorsorge, also Geld, welches du in den nächsten zehn bis dreißig Jahren nicht anrühren wirst)
- 10 Prozent als Rücklagen (zunächst, um den Notgroschen aufzubauen, später, um Geld für größere Anschaffungen wie Reparaturen oder ein neues Auto anzusparen)
- 10 Prozent als Humankapital, also Investments in dich selbst (z. B. Weiterbildungen, Gesundheit, Erholung)
- 10 Prozent für Spenden (du kannst hier auch Geschenke mit reinzählen; Gesten, die du anderen gegenüber machst, ohne eine Gegenleistung zu erwarten)

- 10 Prozent für Spaß (Das ist deine Belohnung für das Sparbemühen. Das Budget für Spaß sollst du wirklich jeden Monat ausgeben, um dich selbst wertzuschätzen.)

MEHR ZU DEM MODELL findest du in den Buchempfehlungen am Ende dieses Ratgebers. Du musst diese Kategorien nicht eins zu eins umsetzen, sondern kannst sie deinen Bedürfnissen anpassen. Ich habe beispielsweise einen zusätzlichen monatlichen Sparplan für mein Reisekonto, weil das für mich das wichtigste Sparziel ist. Für die Umsetzung deines Mehr-Konten-Modells ist es egal, ob du diese Budgets nur in einer Exceltabelle erfasst, sie in deiner Haushaltsbuch-App einstellst oder ob du dir bei deiner Bank Unterkonten einrichten lässt, für die du monatliche Sparaufträge festlegst. Wähle für den Anfang Beträge, die sich für dich stimmig anfühlen. Wenn du aktuell 80 Prozent deines Nettoeinkommens in laufende Ausgaben steckst, dann teile die übrigen 20 Prozent auf die fünf anderen Konten auf.

3. SPARE DIE HÄLFTE DEINER GEHALTSERHÖHUNG. Es ist ein bekanntes Phänomen, dass Leute, wenn sie plötzlich mehr Einkommen zur Verfügung haben, direkt auch höhere Ausgaben haben. Gerade der Sprung von der Ausbildungsvergütung zum ersten Gehalt fällt häufig groß aus. Das nutzen viele Menschen, um in eine größere Wohnung zu ziehen, die mehr Miete kostet. Obwohl ein höheres Einkommen zur Verfügung steht, ist am Ende des Monats kein Geld übrig. Stoppe diesen Prozess! Was spricht dagegen, noch ein paar Jahre so sparsam wie zuvor zu leben und das höhere Einkommen einfach zu sparen? Wenn du die nächste Gehaltserhöhung bekommst, dann spare die Hälfte der zusätzlichen Summe. Du kannst beispielsweise deinen monatlichen automatischen Sparbetrag erhöhen. Da du bisher ohne das Geld ausgekommen bist, wirst du es auch künftig nicht vermissen. So kannst du sehr leicht deine Sparraten erhöhen und trotzdem noch Extrageld haben, von dem du dir etwas gönnen kannst.

4. LEGE DAS WECHSELGELD ZUR SEITE. Spare alles Kleingeld, alle 2-Euro-Stücke oder 5-Euro-Scheine, die dir in die Hände fallen. Das mag als nicht viel erscheinen, aber jede Münze zählt. Probiere es einmal für einen oder zwei Monate aus und schaue, was da zusammenkommt. Schon meine Oma hat alle 2-Euro-Stücke in eine Spardose gelegt und davon den jährlichen Urlaub meiner Großeltern finanziert.

5. ÜBERWEISE EINMALIGE ZAHLUNGEN SOFORT auf dein Sparkonto. Sei es Weihnachtsgeld, die Steuererstattung oder der Bonus für den Stromanbieterwechsel. Überweise einen Großteil des Geldes sofort auf dein Tagesgeldkonto (z. B. für den Notgroschen oder dein Sparziel) und für den kleineren Teil erfüllst du dir einen kleinen Wunsch.

6. DIE UMSCHLAGMETHODE. Arbeite mit Budgets. Anhand der Durchschnittswerte der letzten Monate aus deinem Haushaltsbuch kannst du für jede Kategorie (z. B. Lebensmittel, Transport etc.) ein Budget aufstellen – das ist der Wert, den du maximal in diesem Monat ausgeben möchtest. Nutze eine Haushaltsbuch-App, um die Budgets im Blick zu halten, oder prüfe am Ende des Monats in deiner Exceltabelle, ob du im Budget geblieben bist. Du kannst auch die klassische Methode wählen, am Anfang des Monats Bargeld abzuheben und dieses auf Briefumschläge zu verteilen. Wenn der Umschlag für »Auswärts essen« leer ist, gibt es bis zum Ende des Monats keine Restaurantbesuche und Lieferdienste mehr.

7. GEHE EINEN VERTRAG MIT DIR SELBST EIN: Für jeden neugekauften Gegenstand muss ein alter deine Wohnung verlassen. Das funktioniert gut für sämtliche Kategorien (abgesehen von Lebensmitteln), z. B. bei Kleidung, Dekogegenständen oder Elektrogeräten. Schon wenn du im Laden stehst oder im Onlineshop stöberst, wirst du dir überlegen, ob du diese Ausgabe wirklich tätigen möchtest. Die Konsequenz ist nicht nur, dass du bewusster konsumierst, es werden sich auch weniger Dinge in deinem Haushalt ansammeln.

8.3 | GEWOHNHEITEN ANPASSEN

BEI DEN NACHFOLGENDEN TIPPS geht es darum, deine Gewohnheiten in Bezug auf Geld zu beobachten, kritisch zu hinterfragen und langfristig zu verändern:

1. ZAHLE ZUERST DEINE SCHULDEN AB und spare damit Kreditzinsen ein. Es sollte deine Priorität sein, Kredite (insbesondere von schlechten Schulden) zurückzuzahlen. Denn die Kosten für Zinsen sind einfach zu hoch. Gehe zurück zum vorherigen Kapitel, falls du hier noch Unterstützung benötigst.

2. FÜHRE DEIN HAUSHALTSBUCH WEITER. Gewöhne dir beispielsweise an, dir immer einen Kassenzettel geben zu lassen, sodass du diese Zettel sammeln kannst, um sie einmal im Monat in dein Haushaltsbuch einzutragen. Alternativ zahle, so oft es geht, mit Karte und gehe einmal im Monat deine Kontoauszüge durch, um alle Ausgaben zu erfassen. Du wirst ab und an variable Kosten entdecken, deren Höhe dich überraschen wird. Finde Möglichkeiten, diese zu reduzieren! Hier ein paar Beispiele:

Vielleicht waren die ***Lebensmittelkosten*** sehr hoch. Überlege dir, ob du mehr Mahlzeiten selber kochen kannst. Um dich selbst zu motivieren, rechne aus, was du für den täglichen Coffee to go oder für das belegte Brötchen pro Monat ausgibst. Dir wird schnell klar, was du einsparen kannst, wenn du den Kaffee selber kochst oder das Mittagessen zu Hause vorbereitest. Statt ins Restaurant zu gehen, kannst du gemeinsam mit Freunden kochen. Überlege dir, wo du deine Lebensmittel kaufst, Supermärkte (z. B. Edeka, Marktkauf, Rewe) sind teurer als Discounter (Aldi, Lidl, Netto, Penny). Die Eigenmarken der Discounter sind von ihrer Qualität her mit den Markenprodukten vergleichbar. Oft sind die Eigenmarken sogar Abfüllungen von Markenprodukten, nur in anderer Verpackung. Mach doch einen Test gemeinsam mit Freunden, versucht zu erschmecken, welches Produkt das Markenprodukt und welches die Eigenmarke ist. Nutze Angebote und Gutscheine. Gerade in Drogerien gibt es häufig Gutscheine, die über die zugehörige App zu aktivieren sind. Es lohnt sich sehr, einen Essensplan für die Woche aufzustellen, daraus eine Einkaufsliste anzufertigen und nur das einzukaufen, was du wirklich benötigst. Leitungswasser spart Geld, Zeit und Energie, denn so musst du keine Wasserflaschen mehr vom Supermarkt nach Hause schleppen.

Vielleicht gibst du viel Geld monatlich für ***Transport*** aus. Sei ehrlich zu dir selbst – brauchst du wirklich ein Auto? Wie oft steht es in der Garage oder auf dem Parkplatz? Gibt es bei dir Alternativen wie öffentliche Verkehrsmittel, das Fahrrad oder Carsharing?

Rechne dir nachfolgend aus, wie viel dich dein Auto monatlich kostet. Wir teilen dafür den Kaufpreis auf die Monate auf, in denen du das Auto nutzt. Falls du ein Auto besitzt, trage deine eigenen Daten in die Tabelle ein!

- Beispiel: Anschaffungskosten Auto: 5.000 €
- Dauer der Nutzung: 10 Jahre, danach verkaufst du es
- D. h. Kaufkosten auf den Monat der Nutzung gerechnet: 37,50 €

	BEISPIEL 1	**BEISPIEL 2**	**DEIN AUTO**
Anschaffungskosten	5.000 €	15.000 €	
Geschätzter Wiederverkaufswert	500 €	5.000 €	
Nutzungsdauer	10 Jahre	5 Jahre	
Anteiliger Kaufpreis pro Monat der Nutzung	37,50 €	167 €	
Inspektion/TÜV/ Wartungskosten, monatlich	17 €	50 €	
Kfz-Steuer, monatlich	10 €	25 €	
Haftpflichtversicherung, monatlich (ggf. inkl. Kasko)	15 €	60 €	
Monatliche Tankkosten	100 €	100 €	
SUMME MONATLICHE KOSTEN	**179,50 €**	**402 €**	

ÜBERRASCHT? Bei den monatlichen Kosten könnte es sich lohnen, auf Taxis, Mitfahrzentralen oder Autovermietungen zurückzugreifen.

3. VERGLEICHE PREISE, sowohl beim Onlineshopping als auch bei Dingen des täglichen Bedarfs. Wenn du online bestellst, prüfe, ob das gleiche Produkt bei einem anderen Anbieter günstiger ist. Nutze dafür Preisvergleichsrechner. Außerdem lohnt es sich, Cashback zu nutzen; das bedeutet, dass du Geld zurückbekommst, wenn du vor deiner Bestellung auf der Website des Cashbackanbieters auf den Link zum gewünschten Onlineshop klickst. Das Produkt kostet gleich viel, als hättest du es direkt über deine gewohnten Anbieter gekauft. Bei erfolgreicher Bestellung wird dir einige Tage später Geld gutgeschrieben. Die Gutschrift kannst du dir jederzeit auszahlen lassen. Das Ganze funktioniert durch sogenanntes »Affiliate Marketing«. Das bedeutet, dass der Anbieter, über dessen Link du auf den Shop gekommen bist, eine kleine Provision bekommt, welche sowieso im Preis inbegriffen ist. Nur dass in diesem Fall nicht Google mitverdient, sondern der Cashbackanbieter. Dieser teilt seine Provision mit dir. Verwechsle Cashback nicht mit Payback. Bei Payback-Modellen sammelst du durch deine Einkäufe Punkte, die du ab einer bestimmten Zahl in der Regel nur gegen Sachprämien eintauschen kannst. Dieses Modell verleitet dazu, mehr Punkte zu sammeln und mehr Geld als geplant auszugeben.

Weiterhin empfiehlt es sich, die Werbeprospekte vom Wochenende durchzuschauen, um Angebote für Produkte des täglichen Bedarfs zu entdecken und diese gezielt zu kaufen. Achte darauf, dass Markenprodukte trotz Angebotspreis teurer als Eigenmarken sein können. Vergleiche deswegen die Preise pro Kilogramm bzw. Liter. Es ist ein alter Marketingtrick, die Verpackungsgrößen anzupassen, damit das Produkt günstiger wirkt.

4. SETZE DIR (GEDANKLICHE) BUDGETS bei Neuanschaffungen. Überlege dir vor jedem Einkauf, welches Produkt oder welche Dienstleistung du kaufen möchtest und was du bereit bist, dafür auszugeben. Gerade die vorher genannten Methoden des Preisvergleichens können dazu verleiten, mehr oder teurere Markenprodukte zu kaufen, obwohl du das gar nicht vorhattest. Gleichzeitig empfehle ich nicht, immer das billigste Produkt zu kaufen. Finde für dich ein gutes Gleichgewicht aus Qualität und günstigem Preis.

5. KAUFE BEWUSSTER EIN. Stell dir vor, du gehst shoppen, um dir ein neues T-Shirt zu kaufen. Dabei entdeckst du eine Jeans, die von 150 Euro auf 75 Euro runtergesetzt ist, und kaufst diese. Du denkst, du hättest 50 Prozent gespart, und freust dich darüber. In Wahrheit hast du nicht gespart, sondern 75 Euro für etwas ausgegeben, das du gar nicht benötigst.

6. KAUFE GEBRAUCHTE PRODUKTE, egal ob Second-Hand-Kleidung, Autos oder Möbel. Sozialkaufhäuser oder Flohmärkte sind gute Anlaufstationen, falls du nicht auf Online-Plattformen unterwegs bist. Meist sparst du dabei erheblich und nebenbei schont es die Umwelt, Dinge weiterzuverwenden, statt sie neu zu produzieren.

7. LEIHEN STATT KAUFEN. Im Baumarkt lassen sich Baugeräte oder Anhänger ausleihen. Auch spart es Geld, ein Wohnmobil für den Urlaub zu mieten, anstatt es zu kaufen. Eine Mitgliedschaft in der örtlichen Bibliothek beinhaltet oft sogar die eBook- und Zeitschriftenausleihe.

8. NUTZE DIE 30-TAGES-REGEL bei größeren Anschaffungen. Das bedeutet, dass du dir den gewünschten Gegenstand aufschreibst, mit dem heutigen Datum. Wenn du nach 30 Tagen immer noch der Meinung bist, dass du diesen Gegenstand wirklich benötigst, kannst du ihn dir kaufen. Häufig wird dir nach der Wartezeit auffallen, dass es nur ein Impuls war und du gut auf die Ausgabe verzichten kannst. Für kleinere Spontankäufe kannst du die 10-Minuten Regel anwenden: Trage das Produkt zehn Minuten mit dir rum, bevor du zur Kasse gehst, danach überlegst du, ob du es wirklich benötigst. In vielen Fällen wird die Antwort »nein« sein.

9. KAUFE NUR DINGE, DIE DU BAR oder mit dem Geld auf deinem Girokonto bezahlen kannst: Sei es der nächste Laptop, der Urlaub oder das Auto. Vermeide es, für diese Anschaffungen in den Dispo zu gehen oder einen Kredit aufzunehmen. Wenn du es dir aktuell nicht leisten kannst, dann gedulde dich mit der Anschaffung, bis du genug Geld zusammengespart hast, oder suche nach günstigeren Alternativen. Es gibt inzwischen z. B. Anbieter für generalüberholte Smartphones und Laptops, bei denen es gar nicht auffällt, dass sie nur neuwertig und nicht neu sind. Denk drüber nach: Die Preise für einen Neuwagen, einen Jahreswagen und ein fünf Jahre altes Auto sind sehr unterschiedlich, obwohl alle drei dich sicher von A nach B bringen werden.

10. ACHTE AUF DEINE GESUNDHEIT, sie ist dein wichtigstes Gut. Du fragst dich, warum gerade das ein Spartipp sein soll? Für den Fall, dass du krank bist, kommen höhere Kosten auf dich zu, Medikamente oder Hilfsmittel können ziemlich ins Geld gehen. Achte trotz aller Sparmaßnahmen darauf, dass du dich gesund und ausgewogen ernährst, viel Wasser trinkst und dich ausreichend bewegst und deinem Körper Erholung durch lange Schlafphasen gönnst.

8.4 | EINSPARPOTENZIALE IDENTIFIZIEREN UND AUSGABEN SENKEN

JETZT FOLGEN EIN PAAR SPARTIPPS, für die du zunächst Zeit investieren musst. Das Tolle daran ist: Wenn du dadurch einen Vertrag um 5 Euro monatlich reduzieren kannst, dann sparst du bereits 60 Euro im nächsten Jahr. Mit den gesparten 5 Euro kannst du sofort deine monatliche Sparrate um 5 Euro erhöhen.

1. RECHNE AUSGABEN IN LEBENSZEIT UM. Hast du dir schon einmal Gedanken darüber gemacht, dass wir nicht mit Geld zahlen, sondern mit Zeit? Dein verfügbares Einkommen ist sehr wahrscheinlich der Verdienst für deinen Job, für den du jede Woche viele Stunden deiner Zeit aufbringst. Du gehst also X Stunden arbeiten, um Y Euro am Ende des Monats überwiesen zu bekommen. Rechne dir deinen Netto-Stundenlohn aus! Welches Gehalt bekommst du auf dein Konto überwiesen? Teile es durch vier Wochen und dann durch deine wöchentlichen Arbeitsstunden. Angenommen, du gehst 40 Stunden pro Woche arbeiten und bekommst am Ende des Monats 1.500 Euro netto auf dein Konto. Das macht 9,38 Euro pro Stunde. Wenn du dir eine Hose für 90 Euro kaufen möchtest, entspricht das 10 Arbeitsstunden. Rechne dir das bei der nächsten Ausgabe einfach mal durch – wie viele Wochen musst du arbeiten gehen, um ein Smartphone zu bezahlen? Ist es dir das wert?

2. SCHAU NOCHMAL IN DEIN HAUSHALTSBUCH. Welche Fixkosten hast du entdeckt, für Leistungen, die du in den letzten drei Monaten nicht einmal genutzt hast? Liste alle Abos auf, die du hast, hinterfrage ehrlich, wie viele Streamingdienste/Musikportale/Hörbuchanbieter etc. du wirklich nutzt. Kündige all die oder pausiere bei denen, die du in den letzten drei Monaten nicht genutzt hast. Um es dir leichter zu machen, mach dir bewusst, dass du jederzeit wieder ein neues Abo abschließen kannst.

Hand aufs Herz – wie viel Prozent deines Gehalts fließen in die Miete bzw. den Hauskredit? Gängige Empfehlungen besagen, dass dies nicht mehr als ein Drittel deines monatlichen Nettoeinkommens sein sollte. Je nach Region und persönlichen Ansprüchen kann der Anteil höher sein. Hier geht es um dich, fühlst du dich wohl mit diesem Betrag? Fühlst du dich wohl in deiner Wohnung? Sicherlich ist ein Umzug mit viel Aufwand und auch Geld verbunden. Es kann auch eine Weile dauern, eine Wohnung innerhalb deines Budgets und deinen Kriterien gemäß zu finden. Trotzdem lohnt es sich, einmal abzuwägen, ob es eine Option für dich ist, an den Stadtrand bzw. näher zur Arbeitsstelle oder vom Haus in eine Mietwohnung zu ziehen. Bei deinem Hauskredit solltest du prüfen, ob du durch eine Umschuldung einen günstigeren Zinssatz bekommst. Das ist häufig nach zehn Jahren Kreditlaufzeit der Fall.

3. WECHSLE DEINEN STROMANBIETER. Wann hast du zuletzt deinen Stromanbieter gewechselt? Wenn du das noch nie getan hast, nutzt du die Grundversorgung deiner lokalen Stadtwerke. Dieser Tarif ist der teuerste von allen. Um den Anbieter zu wechseln, nutze einen Internetvergleichsrechner. Dort tippst du deine Daten ein: Deine Postleitzahl und die Anzahl der Personen in deinem Haushalt genügen dazu. Schon siehst du, wie viel du bei einem Wechsel sparen kannst. Achte bei der Auswahl des neuen Tarifs auf einen günstigen Grund- und Arbeitspreis. Vergleiche die Preise mit deinem Grundversorger, um dies besser einschätzen zu können. Einige Anbieter locken dich mit einer Bonuszahlung. Beachte, dass diese Tarife ab dem zweiten Jahr teurer sind. Um vom Bonus zu profitieren, solltest du jedes Jahr deinen Anbieter wechseln. Du brauchst keine Sorge zu haben, dass du für den Zeitraum des Anbieterwechsels ohne Strom dastehst. Du wirst jederzeit von deinem Grundversorger mit Strom versorgt, selbst wenn etwas schiefgeht. Das ist gesetzlich geregelt. Sobald du dich für einen neuen Anbieter entschieden hast, schließt du einen Vertrag ab, und der neue Anbieter kündigt automatisch für dich beim alten Anbieter. Der gleiche Prozess gilt für deinen Gasanbieter, falls da monatliche Kosten von deinem Konto abgehen und diese nicht über die Nebenkostenabrechnung des Vermieters gezahlt werden.

Falls dich dein Anbieter darüber informiert, dass die Preise für Strom oder Gas gestiegen sind, dann hast du immer ein Sonderkündigungsrecht. Nutze das als Gelegenheit, aktiv nach einem anderen Anbieter zu suchen.

4. SEI SPARSAM MIT DEINEM STROMVERBRAUCH. Trockne Wäsche an der frischen Luft statt im Wäschetrockner, ersetze energieintensive Altgeräte durch energiesparende neue, nutze Energiesparlampen, schalte Geräte aus, statt sie im Standby-Modus zu lassen.

5. WENN DU DEINEN INTERNETANBIETER schon ein paar Jahre nicht mehr gewechselt hast, dann ist dein Anschluss nicht nur zu teuer, sondern auch zu langsam. Die entsprechenden Firmen unterbieten sich regelmäßig in ihren Angeboten, deshalb lohnt es sich, regelmäßig zu wechseln. Hier gilt: Treue wird nicht belohnt. Nutze Vergleichsportale im Internet, um herauszufinden, ob es einen günstigeren Tarif für deine Bedürfnisse gibt. Als Startzeitpunkt wählst du den »nächstmöglichen Termin«, und dann lässt du den Wechsel von dem neuen Anbieter durchführen.

So gehst du sicher, dass dir kein Fehler im Prozess unterläuft. Häufig hast du eine dreimonatige Kündigungsfrist für Internetverträge, die sich sonst um 12 Monate verlängern. Kümmere dich frühzeitig um einen neuen Anbieter. Idealerweise suchst du ein halbes Jahr, bevor dein Vertrag wieder automatisch verlängert wird, nach einem neuen Anbieter und schließt den neuen Vertrag direkt ab. Notiere dir den Zeitpunkt für den nächsten Preisvergleich jetzt im Kalender.

6. HANDYANBIETER. Schaue dir deinen Verbrauch des letzten Monats an – wie viele mobile Daten brauchst du wirklich? Telefonierst du viel? Vergleiche im Internet die Preise. Ein Prepaid-Angebot lohnt sich mehr als ein Vertrag. Dort kannst du in der Regel monatlich deinen Tarif wechseln; prüfe immer wieder, ob es inzwischen einen günstigeren für deine Bedürfnisse gibt!

7. KÜNDIGE JAHRESABOS, die du abgeschlossen hast, weil du etwas austesten wolltest oder weil du ein Sonderangebot bekommen hast, gleich nachdem du sie abgeschlossen hast. Das kann die Bahncard sein, die Mitgliedschaft im Fitnessstudio, ein Zeitungsabo oder eine App-Vollversion. Die Anbieter hoffen darauf, dass du nach dem ersten Jahr vergisst zu kündigen, damit sie den vollen Jahresbeitrag im nächsten Jahr von deinem Konto einziehen können, egal, ob du den Service nutzt oder nicht. Und sollte dir das Abo so gut gefallen, dass du es weiter nutzen willst, kannst du es nach dem Zeitpunkt der Kündigung einfach wieder neu abschließen.

8. PRÜFE, OB EINE KREDITUMSCHULDUNG für dich in Frage kommt, um, wie im vorherigen Kapitel beschrieben, mehrere Kredite mit teuren Zinsen durch einen Kredit mit günstigeren Konditionen abzulösen.

9. KLEBE EINEN »BITTE KEINE WERBUNG«-Sticker an deinen Briefkasten und melde dich von Newslettern ab. So kommst du erst gar nicht in Versuchung, Dinge zu kaufen, die du sowieso nicht benötigst.

10. WECHSLE DEINE BANK. Viele Banken erheben monatliche Kontoführungsgebühren. Es gibt Onlinebanken mit kostenloser Kontoführung, oft ist ein gewisser monatlicher Mindestgeldeingang nötig, schau dir hier genau die Bedingungen an. Selbst wenn du bei deiner Bank bleiben möchtest, prüfe einmal, ob es nicht verschiedene Tarife gibt. Oft sind reine Onlinetarife günstiger, eine Beratung vor Ort kannst du bei Bedarf trotzdem noch in Anspruch nehmen. Im Preis- und Leistungsverzeichnis der gewünschten Bank kannst du nachschauen, welche Kosten auf dich zukommen. Achte auf: Kontoführungsgebühr, Gebühr pro Überweisung, Gebühr pro Geldeingang, Gebühr für Bargeldabhebung.

11. WECHSEL DER KRANKENKASSE. Obwohl alle Krankenkassen sehr ähnliche Leistungen und ähnliche Kosten haben, kann sich ein Wechsel lohnen. Und zwar unterscheiden sich Krankenkassen im Zusatzbeitrag, wodurch du schon einige Euro monatlich sparen kannst. Außerdem kann es Unterschiede bei den Zusatzleistungen geben (Übernahme der Zahnreinigungskosten, Reiseimpfungen oder Homöopathie etc.), die dir bares Geld einbringen können. Dann gibt es noch Krankenkassen mit Bonussystemen, hier erhältst du z. B. Prämien, wenn du regelmäßig zu Vorsorgeuntersuchungen gehst oder am Erste-Hilfe-Kurs teilnimmst. Falls dir das zu aufwändig ist, dann recherchiere, ob es einen Wahltarif bei deiner Krankenkasse gibt. Wenn du z. B. selten krank wirst, gibt es Tarife mit Beitragsrückerstattung, falls du keinen Arztbesuch in Anspruch genommen hast. Wenn du eine neue Krankenkasse gefunden hast, füllst du bei dieser deinen Mitgliedsantrag aus. Die neue Kasse übernimmt die Kündigung bei deinem aktuellen Anbieter. Bei Krankenkassen kannst du nach zwölf Monaten Beitragszeit wechseln.

12. ÜBERPRÜFE DEINE VERSICHERUNGEN. Kündige unnötige Versicherungen und wechsle bei notwendigen Versicherungen in einen günstigeren Tarif. Näheres dazu findest du in Kapitel 10.

13. GIB FREIWILLIG DEINE STEUERERKLÄRUNG AB, du bekommst wahrscheinlich eine Erstattung. Gerade Personen, die nicht verpflichtet sind, eine Steuererklärung abzugeben, verschenken bares Geld. Mehr dazu findest du im nächsten Kapitel.

DEINE NÄCHSTEN SCHRITTE

Wähle die Spartipps aus, die dich am meisten ansprechen, und setze diese sofort um!

1. Was ist dein Sparziel (siehe Kapitel 8.1), und wie viel Geld benötigst du dafür?

2. Welchen Sparmechanismus (siehe Kapitel 8.2) wirst du zuerst austesten?

3. Welche Gewohnheit im Umgang mit Geld (siehe Kapitel 8.3) wirst du ab morgen verändern?

Ab morgen ______________ (Datum), werde ich ______________

____

____

4. Welche Ausgabe wirst du als Nächstes senken (siehe Kapitel 8.4)?

____

____

____

ZUSAMMENFASSUNG

Finde heraus, wo Sparpotenziale in deinem Lebensstil liegen, und passe dein Verhalten und deine Routinen im Umgang mit Geld an. Wenn du die neuen Gewohnheiten langfristig beibehälst, kannst du deine monatlichen Sparbeträge erhöhen und schneller deine Sparziele erreichen.

9 | DIE STEUER-ERKLÄRUNGSINSEL

WIE DU
DEINE STEUERERKLÄRUNG
SELBST AUSFÜLLEN
KANNST

Mit deinen Kokosnüssen, also deinen Ersparnissen, *schipperst du zur nächsten Insel auf deiner Schatzkarte. Schon von weitem erkennst du einen riesigen Vulkan, die ganze Insel scheint nur aus diesem Vulkan zu bestehen. Er ist recht steil, und es scheint eine anstrengende Wanderung zu werden, denn das Kreuz befindet sich laut Schatzkarte direkt neben dem Krater. Du überlegst, ob du diese Anstrengungen wirklich auf dich nehmen willst oder ob du lieber darauf verzichtest herauszufinden, was sich hinter diesem Kreuz auf der Karte verbirgt. Du gibst dir einen Ruck und gehst die Herausforderung an. Erst sicherst du dein Floß und stärkst dich, dann besteigst du den Vulkan. Kurz bevor du den Krater erreichst, triffst du auf einen Haufen seltsam angeordneter Steine. Du ruhst dich erst einmal aus und nimmst den Steinhaufen genauer ins Visier. Ein Stein sieht irgendwie besonders aus, viel dunkler als alle anderen Steine, und er glitzert in der Sonne. Du streckst deine Hand nach dem Stein aus, hebst ihn an. Dahinter liegt der vierte Schlüssel. Damit hättest du wirklich nicht gerechnet, das war leichter als erwartet. Entspannt machst du dich auf den Rückweg zu deinem Floß.*

ICH WERDE DIR ZEIGEN, DASS ES GAR NICHT so schwer ist, deine Steuererklärung selbst zu machen. Am Ende wirst du denken: »Das war leichter als erwartet.« Bevor du mit der Steuererklärung anfängst, stell dir vor, wie stolz du auf dich sein wirst, sobald du den Button »Senden« in deinem Steuerprogramm angeklickt haben wirst. Stolz, dass du es selbst geschafft hast und sehr wahrscheinlich demnächst ein paar zusätzliche Euro auf dein Konto überwiesen bekommst.

Sollten sich dir alle Nackenhaare aufstellen und du dich nicht alleine an dieses Projekt trauen, dann suche dir Unterstützung. Vielleicht magst du die Steuererklärung gemeinsam mit einer Person aus deinem engeren Umfeld machen, oder du suchst dir einen Lohnsteuerhilfeverein oder einen Steuerberater. Die Gebühren für den Lohnsteuerhilfeverein sind vergleichsweise günstig und werden anhand deines Gehalts errechnet. Diese Variante ist vor allem für Angestellte, Studierende, Beamte und Rentnerinnen eine gute Wahl. Sobald du (nebenberuflich) selbstständig bist, kannst du eine Steuerberaterin nutzen. Die Kosten für Lohnsteuerhilfeverein und Steuerberatung kannst du bei der nächsten Steuererklärung dann wieder angeben, und du bekommst die Beratungskosten anteilig erstattet. – Doch wer muss überhaupt eine Einkommenssteuererklärung abgeben?

ABGABEPFLICHT: Bestimmte Personen sind verpflichtet, eine Steuererklärung abzugeben, z. B. verheiratete Paare mit der Steuerklassenkombination III/V, Rentner, Selbstständige, Empfängerinnen von staatlichen Leistungen (Arbeitslosengeld, Elterngeld, Kurzarbeitsgeld etc.).

FREIWILLIGE ABGABE: Alle anderen (Singles, Studierende, unverheiratete Paare) können freiwillig ihre Steuererklärung abgeben. Gerade für diese Zielgruppe lohnt sich die Abgabe, weil es Geld zurück gibt. Solltest du unerwarteterweise nach einer freiwilligen Abgabe zu einer Nachzahlung aufgefordert werden, dann kannst du Einspruch einlegen und die Steuerklärung zurückziehen. Somit kannst du eine Nachzahlung umgehen.

9.1 | MYTHEN RUND UM DIE STEUERERKLÄRUNG

MYTHOS 1: »Wenn ich einmal eine Steuererklärung abgebe, muss ich das immer tun.«

Du bist nur verpflichtet, eine Steuererklärung abzugeben, solange eines der bereits genannten Kriterien auf dich zutrifft. Wenn das nicht mehr so ist, bleibt die Steuererklärung freiwillig. Solltest du als Studentin oder Angestellter deine Steuererklärung einmalig freiwillig abgeben, musst du das im Folgejahr nicht erneut machen.

MYTHOS 2: »Wenn ich keine Lohnsteuer zahle, z. B. weil ich unter der Verdienstgrenze (von etwa 10.000 Euro brutto im Jahr, genaue Zahl wird jedes Jahr angepasst) liege oder gar keinen Job habe, z. B. als Studierender, lohnt sich eine Steuererklärung nicht, ich kann ja kein Geld zurückbekommen.«

Das stimmt nur zum Teil; solltest du bereits eine abgeschlossene Berufsausbildung, einen ersten Studienabschluss (z. B. Bachelor) haben oder ein duales Studium machen, dann kannst du sämtliche Werbungskosten in der Steuererklärung angeben. Das betrifft also vor allem Studierende während des Master-Studiums. Zu den Werbungskosten zählen z. B. Laptop, Druckerkosten, Studiengebühren, Semesterticket bzw. Fahrtkosten zur Uni und Büromaterial. Da hier keine oder wenig Einnahmen gegenüberzustellen sind, liegt finanziell ein Verlust vor. Den sogenannten »Verlustvortrag« kann man für die nächsten Jahre mitnehmen. Sobald du in deinem ersten Job Einkommenssteuer zahlst, wird der Verlust gegengerechnet und du bekommst eine hohe Steuererstattung.

MYTHOS 3: »Wenn ich den Zeitraum (meist 31.07. des Folgejahres) zum Einreichen für die Steuererklärung verpasst habe, ist es zu spät, meine Steuererklärung (freiwillig) abzugeben.«

Das Datum gilt nur für Personen mit Abgabepflicht. Falls du deine Steuererklärung freiwillig abgibst, hast du sogar vier Jahre Zeit dazu. Prüfe also, ob du deine Steuererklärung rückwirkend für die letzten vier Jahre abgeben willst! Selbst wenn du zum Einreichen verpflichtet bist und den Abgabetermin nicht einhalten kannst, schreibe deinem Finanzamt einen Entschuldigungsbrief und bitte um Fristverlängerung, so kannst du Strafzinsen umgehen. Falls du in den Lohnsteuerhilfeverein eintrittst, hättest du sogar bis Ende Februar des Folgejahres Zeit zur Abgabe.

MYTHOS 4: »Wegen der hohen Lohnsteuer lohnt es sich für mich nicht zu arbeiten, denn mein Mann verdient viel mehr als ich und mir bleibt dann netto nicht viel übrig.«

Viele Ehepaare wählen die Steuerklassenkombination III/V, was häufig bedeutet, dass der Besserverdienende monatlich weniger Steuern zahlt (im Vergleich zu Unverheirateten in Steuerklasse I) und der andere, geringer verdienende Partner verhältnismäßig mehr Steuern zahlt. Somit bleibt für Letzteren weniger Geld netto von dem Verdienst übrig. Tatsächlich ist es aber so, dass die Steuerlast immer gleich ist, egal welche Steuerklassenkombination ihr als Verheiratete wählt, es verschiebt sich nur der Zeitpunkt, wann die Steuern zu zahlen sind. Bei der Kombination III/V habt ihr zwar mehr Geld netto zur Verfügung, es kann aber passieren, dass ihr im nächsten Jahr Steuern nachzahlen müsst. Bei der Kombination IV/IV bekommt ihr monatlich etwas weniger netto ausgezahlt, dafür bekommt ihr eine Steuererstattung im Folgejahr. Empfehlenswert für Verheiratete ist die Steuerklassenkombination IV/IV mit Faktor, dabei wird die Steuerlast möglichst fair bezogen auf das Gehalt auf beide Partner verteilt.

MYTHOS 5: »Die Steuererklärung ist zu kompliziert für mich. Das verstehe ich nie! Dann lass ich es lieber gleich bleiben.«

Zunächst einmal gibt es im Internet viele Anleitungen, die dich durch deine Steuererklärung führen. Im Anhang empfehle ich dir einen hilfreichen Ratgeber, der kostenlos verfügbar ist. Es gibt inzwischen auch gute Apps dafür. Wenn du ein paar Euro für eine Steuersoftware ausgibst, wird sie dich schrittweise durch deine Steuererklärung leiten. Solltest du gar nicht weiterkommen, dann hol dir Hilfe. Oft reicht eine kostengünstige Beratung beim Lohnsteuerhilfeverein.

9.2 | SCHRITT FÜR SCHRITT ZU DEINER STEUERERKLÄRUNG

1. NIMM DIR BEWUSST ZEIT FÜR DIE STEUERERKLÄRUNG. Vielleicht ein verregnetes Wochenende? Oder einen halben Samstag? Erzähle Freunden, dass du an diesem Tag deine Steuererklärung machen wirst. Vermutlich werden sie dich danach darauf ansprechen. Vielleicht motivierst du mit deiner Aussage einen Bekannten, sodass ihr eure Steuererklärung gemeinsam macht?

2. FANGE LANGSAM AN: Heute suchst du alle Dokumente zusammen, die du für deine Steuererklärung benötigst. Und keine Sorge, falls du eine Kleinigkeit vergisst anzugeben, macht das in der Summe keinen großen Unterschied. Die Rechnungen und Belege musst du nicht ans Finanzamt schicken, aber du solltest sie bis zu zehn Jahre aufbewahren, falls dein Finanzamt diese prüfen will. Du benötigst:

Als Angestellte/Angestellter

- ***Elektronische Lohnsteuerbescheinigung*** von deinem Arbeitgeber (bekommst du meist zu Beginn eines Jahres). Hier kannst du nachschauen, wie viel Lohnsteuer du im letzten Jahr gezahlt hast. Das ist die maximale Summe, die du mit einer Steuererklärung zurückerstattet bekommen kannst. Solltest du Kirchensteuern zahlen, kannst du deine Beiträge in dieser Bescheinigung ablesen, um sie in das Steuerformular einzutragen. Heutzutage benötigst du die Lohnsteuerbescheinigung nur noch zum Abgleich deiner Daten, da du die Daten, die dein Arbeitgeber an das Finanzamt gemeldet hat, vorausfüllen lassen kannst. Das nennt sich »Belegabruf«.
- ***Spendenquittungen*** (Spenden in Gesamthöhe von 20 Prozent deines Einkommens werden anerkannt. Im Zweifel reicht dein Kontoauszug als Nachweis.)
- ***Handwerkerrechnungen*** (Hier zählen reine Arbeitskosten, ohne Materialkosten.)
- ***Nebenkostenabrechnung*** (Falls du zur Miete wohnst.)
- ***Für die Werbungskosten,*** also beruflich veranlasste Kosten, werden dir pauschal 1.000 Euro anerkannt, egal ob du eine Steuererklärung abgibst oder nicht. Sammle Belege, wenn du voraussichtlich über diese 1.000 Euro kommen wirst. Das ist u. a. der Fall, wenn du mindestens 15 km Anfahrtsweg zu deinem Job hast. Hier ist es egal, ob du diesen mit Auto, Fahrrad oder öffent-

lichen Verkehrsmitteln zurücklegst. Du kannst eine Pauschale von 30 Cent/km ansetzen. Folgende Ausgaben kannst du als Werbungskosten geltend machen: Mitgliedsbeiträge zur Gewerkschaft, selbst finanzierte Weiterbildungen, privat gezahlte Fachbücher/-zeitschriften, Rechnung deines Laptops, falls du ihn anteilig beruflich nutzt (bis zur Höhe von 50 Prozent absetzbar).

Als Selbstständige/Gewerbetreibender

- musst du entweder eine ***Einnahmen-Überschussrechnung*** oder eine ***Bilanz*** abgeben. – Sammle hierfür alle Rechnungen, die du im Laufe des Jahres bezogen auf dein Unternehmen beglichen oder deinen Kunden gestellt hast. Um den Aufwand etwas kleiner zu halten, nimm dir jeden Monat eine Stunde Zeit, um die jeweiligen Ausgaben und Einnahmen in einer Tabelle zu erfassen, das wird dir später die Arbeit erleichtern.

Als Eltern

- ***Rechnungen für die Kinderbetreuungskosten***

Für weitere Sonderfälle nutze den Link, den ich dir bei den Buchtipps empfehle. Dort sind sämtliche Posten aufgelistet, die du bei der Steuererklärung angeben kannst.

TIPP

JETZT WEISST DU, welche Dokumente du für die Steuererklärung benötigst, und kannst diese im Laufe des aktuellen Jahres sammeln – dann wird es im nächsten noch schneller gehen. Lege dir einen Ordner an (physisch und digital), in dem du die Dokumente einfach ablegst. Ein Schuhkarton tut es auch. Da viele Rechnungen nur noch per Mail verschickt werden, kannst du in deinem Mailpostfach einen Unterordner »Steuer« anlegen. Immer wenn du eine Rechnung per Mail bekommst, die für die Steuer relevant sein könnte, verschiebst du sie direkt dort hinein.

3. FALLS DU JETZT EINE PAUSE BRAUCHST, kein Problem, du hast den Anfang gemacht! Sei stolz auf dich und gönn dir eine kleine Belohnung. Vielleicht einen Kaffee oder ein Stück Schokolade? Reserviere dir eine feste Zeit im Kalender, wann du zum nächsten Schritt übergehen möchtest. Oder bist du gerade total im Flow und möchtest es fertigmachen?

4. DANN RECHERCHIERE JETZT für dein Bundesland (in dem du wohnst), welche Möglichkeiten es gibt, deine Steuererklärung einzureichen. In den meisten Fällen wird es digitale Lösungen geben. Folgende Optionen hast du:

- ***einen eigenen Account bei www.elster.de anlegen*** und die Steuererklärung selbst ausfüllen.
- ***eine Steuersoftware installieren;*** diese kostet um die 20 Euro und hat viele Hilfefenster, welche dich leicht verständlich durch dein Formular führen.
- ***Apps nutzen,*** die dich Schritt für Schritt auf dem Smartphone durch deine Steuererklärung leiten.
- ***in einen Lohnsteuerhilfeverein eintreten*** und dir von den Beraterinnen deine Steuererklärung ausfüllen lassen. Google nach einem Lohnsteuerhilfeverein in deiner Nähe und mache heute noch einen Termin!
- ***eine Steuerberatung nutzen;*** mache noch heute einen Beratungstermin!

5. MIT DIESER GANZEN VORARBEIT sollte es jetzt ein Leichtes für dich sein, deine Daten einzugeben und innerhalb kürzester Zeit wird dir deine mögliche Erstattung ausgerechnet. Nur noch auf Senden klicken. Und dann ist das Thema »Steuererklärung« für dieses Jahr erledigt.

6. FERTIG! HERZLICHEN GLÜCKWUNSCH! Belohne dich selbst für deine Mühe.

DEINE NÄCHSTEN SCHRITTE

1. Reserviere dir einen Tag im Kalender, an dem du deine Steuererklärung ausfüllen willst.

   ____

2. Suche alle relevanten Rechnungen zusammen.
3. Entscheide, ob du die Steuererklärung selbst machen willst oder ob du dir Unterstützung holen willst. Dementsprechend besorgst du dir entweder eine Software oder einen Termin bei der gewünschten Beratung.
4. Trage deine Daten ein und sende die Steuererklärung ab.

ZUSAMMENFASSUNG

Plane dir bewusst Zeit für deine Steuererklärung ein und probiere es einfach aus, sie selbst auszufüllen. Wenn du nicht alleine weiterkommst, scheue dich nicht, dir Hilfe zu suchen.

10 | DIE VERSICHERUNGSINSEL

BIN ICH
ÜBER- ODER
UNTERVERSICHERT?

Nachdem die anderen Inseln eher klein waren, *ist die nächste Insel vergleichsweise riesig und auch der Weg dorthin ist weiter als gedacht. Du bist stundenlang der brütenden Hitz ausgesetzt, die Sonne brennt extrem stark. Zum Glück hast du noch die Sonnencreme im Rucksack, sonst hättest du längst am ganzen Körper einen Sonnenbrand. Dann ziehen am Himmel dunkle Wolken auf. Hoffentlich schaffst du es noch vor dem Unwetter auf die Insel. Du bewegst dein Floß schneller und schneller. Es donnert, der Himmel ist dunkelgrau und der Wind peitscht die Wellen um dein Floß.. Du schaffst es gerade noch rechtzeitig, dich ans Ufer zu retten, und rennst komplett durchnässt in den schützenden Dschungel.*

Am nächsten Morgen sieht deine Welt schon freundlicher aus. Also orientierst du dich auf deiner Schatzkarte und machst dich auf den Weg zu dem auf der Karte eingezeichneten Kreuz. Bestimmt ist dort ein weiterer Schlüssel versteckt. Dafür musst du den tiefen Dschungel durchqueren. Alles ist von Pflanzen zugewuchert und es ist schwer voranzukommen. Du läufst und läufst, aber irgendwann verlierst du die Orientierung. Gut, dass du deinen Kompass dabeihast, der dir die richtige Richtung weist. Plötzlich steht ein Leopard vor dir. Du erschrickst. Er faucht dich an. Dank deines Wanderstocks kannst du ihn verscheuchen und der Leopard verschwindet so schnell, wie er aufgetaucht ist.

Du siehst zu, dass du schnell vorankommst. Dann entdeckst du endlich den kleinen See, der auf deiner Schatzkarte eingezeichnet ist. Ist das Kreuz im Wasser eingezeichnet? Sobald du am Ufer angekommen bist, das dem Kreuz am nächsten ist, ziehst du deine Schuhe aus, krempelst die Hose hoch und steigst vorsichtig in den See. Dein Stock ist dir eine Hilfe, weil du so ertasten kannst, wo es flache Stellen gibt, auf die du treten kannst. Und siehe da, du kannst mehrere Meter durch den See waten. Jetzt spürst du, wie deine Füße auf große flache Steine treten. Du suchst diese eine Weile ab. Du suchst und suchst. Schließlich entdeckst du eine Art Dose. Mit diesem Schatz gehst du zurück ans Ufer. Und tatsächlich, auch hier ist wieder ein Schlüssel drin. Du ruhst dich kurz aus und bist dankbar, dass du mit Sonnencreme, Kompass und Wanderstock Gegenstände bei dir hast, die dir in der Not gute Dienste leisten. Auch wenn du ursprünglich nicht dachtest, dass du sie gebrauchen würdest.

GENAUSO IST ES MIT DEN VERSICHERUNGEN: Du hoffst, sie nie zu brauchen. Wenn es aber doch mal notwendig ist, bist du froh, die Versicherung zu haben und für den Notfall geschützt zu sein. Versicherungen sind, ebenso wie dein Notgroschen, eine Grundlage, bevor du anfängst, Geld zu investieren. Versicherungen sind dazu da, Risiken zu minimieren und dich vor einem finanziellen Totalverlust zu schützen. Das System der Versicherungen funktioniert so: Viele Menschen zahlen kleine Beiträge an den Versicherer. Tritt bei einer Versicherten ein Schadensfall ein, wird dieser aus dem Topf der gesammelten Versicherungsbeiträge gezahlt.

Wenn du kritisch überlegst, welche Versicherungen du wirklich benötigst, solltest du dir folgende Fragen stellen: Welcher finanzielle Schaden kann im schlimmsten Fall entstehen, falls du die Versicherung nicht abschließt? Könntest du diese Kosten auch ohne die Versicherung bezahlen? Wie groß ist das Risiko, dass der Versicherungsfall eintritt?

10.1 | BESTANDSAUFNAHME

VERSCHAFFE DIR ZUNÄCHST EINEN ÜBERBLICK über deine Versicherungen! Nimm dir den dicken Versicherungsordner vor oder schaue auf deine Kontoauszüge. Welche Versicherungen hast du aktuell? Was zahlst du dafür? Solltest du nicht alleine leben, prüfe, ob die Versicherung nur auf dich abgeschlossen ist oder ggf. dein Partner oder deine Partnerin mitversichert ist.

Fülle die Tabelle auf der nächsten Seite aus!

Art der Versicherung	Versicherer	Tarifbezeichnung	Versicherungsnummer	Beiträge in Euro	Zahlweise (monatlich, quartalsweise, jährlich)	Kosten pro Jahr	Abgeschlossen am	Kündigungsfrist
					Gesamtkosten pro Jahr			

TIPPS zur Versicherungstabelle:

- Solltest du bestimmte Versicherungen monatlich bzw. quartalsweise zahlen, zahlst du damit einen Aufschlag im Vergleich zur jährlichen Zahlungsweise. Frage bei deinem Versicherer an, ob du bei jährlicher Zahlung einen günstigeren Preis bekommst.
- Rechne aus, wie viel Geld du monatlich für die Versicherung zur Seite legen musst, damit du das Geld zum Abbuchungszeitpunkt verfügbar hast. Teile dazu die Gesamtsumme aller Versicherungsbeiträge durch zwölf und lege dir einen monatlichen Sparauftrag für die Versicherungen als Rücklage an.
- Lade dir folgende Tabelle von meiner Website runter: **www.imfinanz-dschungel.de/Buchbonus**, drucke sie aus und hefte sie als Übersichtsseite ganz vorn in deinen Versicherungsordner. So hast du die wichtigsten Informationen auf einen Blick.

10.2 | WELCHE VERSICHERUNGEN BENÖTIGST DU WIRKLICH?

IN DER FOLGENDEN ÜBERSICHT FINDEST DU Empfehlungen für einen Mindestschutz an Versicherungen. Es gibt natürlich noch weitaus mehr Versicherungen auf dem Markt. Hier gilt es, genau abzuwägen: Welches Bedürfnis an Sicherheit hast du? Ich biete dir erste Infos zu den einzelnen Versicherungen. Um eine Entscheidung für deine individuelle Situation zu treffen, solltest du dich tiefer in das jeweilige Versicherungsangebot einlesen. Dazu empfehle ich dir einen Ratgeber, den du bei den Buchtipps zum Ende dieses Buches findest.

WELCHER PERSONENGRUPPE fühlst du dich zugehörig? Hast du die empfohlenen Versicherungen aus der folgenden Tabelle bereits abgeschlossen? Falls nicht, erkläre ich dir im Laufe des Kapitels, wozu diese nötig sind. Pflichtversicherungen und die in der Spalte »wichtige Versicherungen« genannten solltest du unbedingt abschließen, da sie ein sehr hohes Risiko absichern. Solltest du einen Schadensfall haben, kann dieser schnell in die Hunderttausende oder in Millionenhöhe gehen. Die optionalen Versicherungen decken entweder Versicherungsfälle ab, die nicht allzu häufig eintreten, oder es geht um Kosten, die du im Notfall von deinem Notgroschen bezahlen kannst.

	PFLICHT-VERSICHERUNG	WICHTIGE VERSICHERUNGEN		OPTIONALE VERSICHERUNGEN		
	Krankenversicherung	Privathaftpflicht	Berufsunfähigkeit	Unfall	Hausrat	Rechtsschutz
Angestellte, Beamte	x	x[2]	x	x	x[2]	x[2]
Selbstständige	x	x[2]	x	x	x[2]	x[2]
Azubis, Studierende	x	x[1]	x			x[1]
Senioren	x	x[2]		x	x[2]	x[2]

1 Sind im Normalfall über ihre Eltern bis zum Ausbildungsende mit abgesichert.
2 Nur einmal für verheiratetes Paar nötig. Das gilt auch für Paare, die zusammenwohnen.

Weitere Versicherungen je nach Lebenslage

	PFLICHT-VERSICHERUNGEN		WICHTIGE VERSICHERUNGEN		
	Kfz-haftpflicht	Tierhalter-haftpflicht	Risiko-lebens-versicherung	Wohngebäude-versicherung	Auslands-kranken-versicherung
Familien			x		
Autobesitzer	x				
Hausbesitzer			x	x	
Hunde- und Pferdebesitzer		x			
Urlaubsreisende außerhalb Deutschlands					x

Auf den folgenden Seiten erkläre ich dir, wozu die einzelnen Versicherungen nötig sind und worauf du achten solltest.

Krankenversicherung

IN DEUTSCHLAND GIBT ES DIE PFLICHT, eine Krankenversicherung abzuschließen. Es gibt zwei Arten von Krankenversicherung: die gesetzliche und die private.

Bei der gesetzlichen Krankenversicherung zahlst du einen bestimmten Prozentsatz vom Gehalt, viele Behandlungen und Medikamente werden bei Krankheit übernommen. Bei der privaten Versicherung sind die Leistungen und Beiträge individuell vereinbart, die Höhe der Beiträge steigt allerdings über die Jahre, auch wenn du weniger arbeitest oder in Rente gehst, also geringere Einkünfte hast. Dafür kannst du Extra-Leistungen vereinbaren, wie eine Chefarztbehandlung. Wenn du einmal in der privaten Krankenversicherung bist, ist ein Wechsel in die gesetzliche Versicherung oft schwierig. Vorteil der gesetzlichen Versicherung ist also, dass deine Beiträge bezahlbar bleiben, wenn du wenig Einkommen hast, zahlst du geringe Beiträge. Ein weiterer Vorteil der gesetzlichen Krankenversicherung ist, dass du deine Kinder kostenfrei mitversichern kannst, ebenso deinen Ehepartner (z. B. während der Elternzeit).

Auch wenn sich die gesetzlichen Kassen in der Höhe der Beiträge oft nur minimal unterscheiden, lohnt es sich hier, die Leistungen zu vergleichen. Übernimmt eine andere Kasse die Kosten der professionellen Zahnreinigung? Bekommst du einen Bonus für gesundes Verhalten?

Private Haftpflichtversicherung

DIE VERSICHERUNG GREIFT, WENN DU – oder deine Kinder – jemandem unbeabsichtigt einen Schaden zufügst. Die private Haftpflichtversicherung ist insofern sehr wichtig, weil die Schadenshöhe in die Millionen gehen kann. Deswegen sollte jede Person eine haben. Kinder, Auszubildende und Studierende sind über ihre Eltern mitversichert. Als grobe Orientierung: Du bekommst einen Vertrag ab 50 Euro pro Jahr. Achte darauf, Sach- und Personenschäden mit mindestens 10 Millionen Euro abzusichern.

Berufsunfähigkeitsversicherung (BU)

DIESE SICHERT DEN AUSFALL deines Erwerbseinkommens durch längere Krankheit ab bzw. den Fall, dass du nicht mehr fähig bist, wieder arbeiten zu gehen (z. B. aufgrund einer Krankheit). Du bekommst dann von der Versicherung eine monatliche Rente ausgezahlt, deren Höhe du beim Abschluss der Versicherung bestimmst. Der Abschluss dieser Versicherung ist sehr sinnvoll, und zwar nicht nur für Menschen in handwerklichen Berufen, sondern auch für Büroangestellte. Krankheiten wie Depressionen, Krebs, Burnout, Rückenleiden oder Schlaganfall können jede von uns treffen.

Je jünger du beim Vertragsabschluss bist, desto günstiger ist der Tarif, es lohnt sich also, diese Versicherung bereits während der Ausbildung oder während des Studiums abzuschließen. Bei Abschluss der Versicherung musst du deinen Krankheitsverlauf der letzten fünf Jahre angeben, bei Vorerkrankungen wird die Versicherung teurer bzw. es kann schwierig werden, überhaupt eine Versicherung abschließen zu dürfen.

Da du diese Versicherung eher selten bis gar nicht wechselst, solltest du beim Abschluss die Bedingungen genau prüfen. Denke beim Einstieg in den ersten Job, bei größeren Gehaltssprüngen, bei Hausbau, Familiengründung oder Heirat daran, deine Rentenhöhe zu prüfen und anzupassen. Denn es kann sein, dass die ursprüngliche monatliche Rente, von der du zu Studienzeiten locker hättest leben können, für eine Familie mit zwei Kindern nun nicht mehr reicht. Bei einigen Versicherungen hat man nur drei Monate nach dem jeweiligen Ereignis Zeit, die Rentenhöhe anzupassen (im Fachjargon: Nachversicherungsgarantie). Sollte die BU aufgrund von Vorerkrankungen für dich nicht in Frage kommen, gibt es Alternativen mit geringerem Leistungsumfang: Erwerbsunfähigkeitsversicherung, Dread-Disease Versicherung (zahlt bei vereinbarten Krankheiten wie Krebs, Herzinfarkt etc.) oder Unfallversicherung (zahlt für bleibende Schäden nach einem Unfall, nicht bei Krankheiten).

Unfallversicherung

SIE KANN EINE ALTERNATIVE FÜR DICH SEIN, falls du keine Berufsunfähigkeitsversicherung bekommst. Während du über deinen Arbeitgeber bereits in Bezug auf Arbeitsunfälle und Unfälle auf dem direkten Arbeitsweg über die betriebliche Unfallversicherung abgesichert bist, deckt die private Unfallversicherung Unfälle, die in deiner Freizeit passieren. Das kann für dich interessant sein, falls du riskanten Hobbys nachgehst. Beachte, dass dir bei der Unfallversicherung nur Leistungen ausgezahlt werden, wenn dir ein Unfall passiert ist und du danach körperlich eingeschränkt bist. Wenn du aufgrund einer Krankheit nicht mehr arbeiten kannst, ist das nicht abgedeckt.

Hausratversicherung

DIESE VERSICHERUNG IST OPTIONAL, damit soll deine Wohnungseinrichtung u. a. für den Fall von Brand oder Einbruch abgesichert werden und im Schadensfall ersetzt werden. Gut zu wissen ist, dass dir der Neuwert der Einrichtung im Versicherungsfall ersetzt wird. Du solltest regelmäßig prüfen, ob es einen günstigeren Tarif bzw. einen Tarif mit besserer Leistung gibt und ob sich deshalb ein Versicherungswechsel lohnt. Stelle dir die Frage, ob du deine Wohnungseinrichtung im Notfall von deinem Notgroschen neu beschaffen kannst.

Rechtsschutzversicherung

SIE ÜBERNIMMT ANWALTS- UND GERICHTSKOSTEN bei Rechtsstreitigkeiten. Es gibt verschiedene Module: Verkehrsrecht, Arbeitsrecht, Privatrecht und Mietrecht. Beachte, dass Streitigkeiten im Erbrecht und Familienrecht (z. B. Scheidungen) meist ausgeschlossen sind. Wichtig zu wissen ist außerdem, dass du die Leistungen der Versicherungen nicht sofort in Anspruch nehmen kannst, sondern erst nach einer Wartezeit von drei Monaten. Auch wenn du kein Auto besitzt, kann das Modul »Verkehrsrecht« für dich relevant sein, da die Versicherung dann auch bei Unfällen als Radfahrerin oder Fußgänger einspringt. Viele Versicherungen haben eine Anwaltshotline inklusive, die bei kleineren rechtlichen Fragen berät und z. B. Tipps gibt, wie man selbst Briefe formuliert, um das eigene Recht durchzusetzen. Um die Versicherungsgebühren gering zu halten, kannst du eine Selbstbeteiligung vereinbaren.

Wenn du Mitglied in einer Gewerkschaft bist, ist die rechtliche Beratung in Arbeitsrechtsfragen bereits abgedeckt. Wenn du Mitglied eines Mieterschutzbundes bist, benötigst du keine Rechtsschutzversicherung im Mietrecht.

Kraftfahrzeugversicherung (Kfz-Versicherung)

DIESE VERSICHERUNG IST PFLICHT für alle Autobesitzer, sie zahlt bei Unfallschäden. Du kannst die Versicherung um eine Teilkasko- oder Vollkaskoversicherung ergänzen, dann werden auch Schäden an deinem Auto gezahlt. Dein Auto ist durch die Teilkasko noch gegen Diebstahl und Naturgewalten geschützt, bei Vollkasko sind zusätzlich Schäden am eigenen Auto nach selbstverschuldeten Unfällen versichert. Je älter dein Auto ist, umso eher kannst du auf diese Zusatzleistungen verzichten, da dein Auto stetig an Wert verliert. Als Faustregel gilt: Sobald dein Auto älter als fünf Jahre ist, lohnt sich eine Vollkasko nicht mehr. Die Kfz-Versicherung kann jährlich gewechselt werden, die Kündigung muss spätestens bis zum 30. 11. erfolgen. Egal, welchen Anbieter du hast, die Laufzeit ist immer bis zum 31. 12. eines Jahres und verlängert sich automatisch, sofern du nicht vier Wochen vorher (30. 11.) kündigst. Der Wechsel ist ganz einfach, gib deine Daten auf einem Vergleichsportal ein und vergleiche die Angebote.

> **TIPP**
>
> **RUFE DEINE AKTUELLEN VERSICHERER nach dem 15.10. an und frage nach einer »Tarifanpassung«. Dir wird dann ein besserer Preis angeboten. Schreib dir eine Erinnerung in deinen Kalender und probiere es noch in diesem Jahr einfach aus.**

Vereinbare außerdem eine Selbstbeteiligung (z. B. in Höhe von 500 Euro), da du kleinere Schäden selbst zahlen wirst, weil du bei einem gemeldeten Schaden sonst in der Schadenfreiheitsklasse hochgestuft wirst. Das bedeutet, dass der Tarif dann für dich wieder teurer werden würde. Sollten sich die Anzahl deiner gefahrenen Kilometer ändern (große Abweichung vom gemeldeten Wert), solltest du dich bei deiner Versicherung melden. Vielleicht fährst du in diesem Jahr weniger Kilometer als ursprünglich geschätzt (z. B. wegen Jobwechsel oder Elternzeit); ruf an und frag, ob du dadurch bessere Konditionen bekommst, denn der Preis errechnet sich meist anhand der gefahrenen Kilometer.

Tierhalterhaftpflichtversicherung für Hunde- und/oder Pferdebesitzer

DAMIT WERDEN SCHÄDEN ABGESICHERT, die deine Tiere anderen Menschen oder Gegenständen zufügen. Je nach Bundesland, in dem du lebst, ist die Hundehaftpflichtversicherung verpflichtend oder optional. Sinnvoll ist sie in jedem Fall.

Risikolebensversicherung

DIESE IST SINNVOLL FÜR FAMILIEN, die Partner/Partnerin oder Kinder absichern wollen, sowie für Hausbesitzerinnen mit laufendem Kredit. Für den Fall, dass ein Elternteil oder Partner stirbt und dessen Einkommen wegbricht, wird eine vereinbarte Summe an die Hinterbliebenen ausgezahlt. Verwechsle die Risikolebensversicherung nicht mit der Kapitallebensversicherung. Bei letzterer gibt es am Ende der Laufzeit eine Auszahlung, falls du die Versicherung nicht in Anspruch genommen hast. Sie ist viel teurer als Risikolebensversicherungen. Du solltest stets Risikoabsicherung und Vermögensaufbau voneinander trennen.

Wohngebäudeversicherung

SOLLTEST DU EIN HAUS oder eine Eigentumswohnung besitzen, ist diese Versicherung ratsam. Sie kommt für Schäden durch Sturm, Feuer, Leitungswasser oder Hagel auf. Während des Hausbaus solltest du dich mit einer Bauherrenhaftpflichtversicherung schützen, falls auf deiner Baustelle ein Schaden verursacht wird.

Auslandskrankenversicherung

SIE IST EINE OPTIONALE ERGÄNZUNG für Menschen, die Reisen außerhalb Deutschlands unternehmen. Unter anderem werden Behandlungskosten sowie der Rücktransport in das Heimatland übernommen. Obwohl dich die gesetzliche Krankenversicherung auch in Europa schützt, ist es ratsam, ein paar Euro für die Auslandskrankenversicherung zu investieren. Behandlungskosten im Ausland können nämlich sehr viel höher sein, als du das von Deutschland gewohnt bist.

10.3 | WELCHE VERSICHERUNGEN SOLLTEST DU KRITISCH HINTERFRAGEN?

ES FOLGT EINE PERSÖNLICHE EMPFEHLUNG meinerseits, die du auf deine spezielle Situation prüfen solltest. Nutze die Empfehlungen als Impuls, um zu überlegen, ob du die folgenden Versicherungen kündigen möchtest.

- ***Smartphone- oder Laptopversicherungen.*** Nutze stattdessen deinen Notgroschen, um dir im Schadensfall ein neues (gebrauchtes) Gerät zu kaufen.
- ***Brillenversicherung.*** Falls sich deine Sehstärke nicht jährlich verändert, kann es passieren, dass du höhere Beiträge zahlst, als die nächste Brille kostet.
- ***Reisegepäckversicherung.*** Denn deine Hausratsversicherung gilt für deine Gegenstände, auch wenn du auf Reisen bist.
- ***Sterbegeldversicherung.*** Auch hier ist es sinnvoller, einen Notgroschen zu haben, auf den deine Angehörigen im Notfall zugreifen können.
- ***Ausbildungsversicherungen.*** Setze stattdessen lieber einen monatlichen Sparplan für deine Kinder oder Enkel auf, z. B. einen kostengünstigen ETF-Sparplan oder Festgeld (Näheres dazu in Kapitel 12).
- Viele ***Kfz-Versicherungen*** bieten einen Schutzbrief an, damit du den Pannendienst nutzen kannst. Solltest du parallel in einem Autoclub sein, zahlst du doppelt für die gleiche Leistung.
- ***Glasbruchversicherungen*** werden häufig als Kombination z. B. mit einer Hausratversicherung angeboten, machen diese aber viel teurer.
- ***Unfallversicherung.*** Das ist eine persönliche Abwägungssache, sofern du bereits eine gute Berufsunfähigkeitsversicherung abgeschlossen hast. Letztere bietet einen umfassenderen Schutz.

- ***Zahnzusatzversicherung.*** Wenn du gesunde Zähne hast und keine größeren Zahnarztkosten in nächster Zeit erwartest, ist diese Versicherung überflüssig. Sollten doch unvorhergesehene Kosten auf dich zukommen, kannst du deinen Notgroschen in Anspruch nehmen.
- ***Restschuldversicherungen.*** Sie werden dir meist in Kombination mit einem Kredit angeboten und machen den Kredit noch viel teurer, als er ohnehin schon ist. Leider springt die Versicherung in den seltensten Fällen tatsächlich ein.
- ***Kombi-Produkte*** (Bsp. Rentenversicherung inkl. Berufsunfähigkeitsversicherung). Falls du einmal eine der Versicherungen aus dem Kombi-Produkt wechseln willst, geht dies nicht, ohne alle damit verbundenen Versicherungen zu kündigen.
- ***Trenne Risikoschutz und Geldanlage.*** Verzichte auf Versicherungen mit Beitragsrückgewähr (z. B. Kapitallebensversicherung). Hier werben Versicherer damit, dass du eine gewisse Summe ausgezahlt bekommst, solltest du die Versicherung nicht in Anspruch nehmen. Das klingt zunächst attraktiv. Allerdings ist diese Versicherung teurer als der gleiche Tarif ohne Beitragsrückgewähr, und die Zinsen, für die der Versicherer dein Geld anlegt, sind sehr niedrig. Es ist günstiger für dich, das gesparte Geld selbst anzulegen. Schlage solche Angebote bei Neuabschluss aus.

10.4 | VERSICHERUNGEN WECHSELN ODER KÜNDIGEN

EIN VERSICHERUNGSWECHSEL ist für viele Leute ein unliebsames Thema, das gern verdrängt wird. Warum eigentlich? Die langen Klauseln und Paragraphen schrecken ab, da sie schwer zu verstehen und noch schwerer mit anderen Verträgen zu vergleichen sind. Außerdem verunsichert das große Angebot am Markt, sodass viele Leute schnell das Gefühl bekommen, nicht selbst in der Lage zu sein, eine gute Entscheidung zu treffen, welche Versicherung die richtige für die individuelle Lebenssituation ist. Ein weiterer Grund könnte das mulmige Gefühl sein, das sich einstellt, wenn man dem bisherigen Berater des Vertrauens mitteilt, dass man die Versicherung wechseln möchte.

Was hilft dir, das gedanklich aufzulösen?

VERZICHTE AUF PERFEKTIONISMUS. Du musst nicht die allerbeste Versicherung finden. Wenn du bereits eine gefunden hast, die bessere Bedingungen als deine aktuelle und einen noch besseren Preis hat, hast du dich schon verbessert.

Eine Versicherung ist (in den meisten Fällen) keine Lebensentscheidung; Haftpflicht-, Kfz- und Hausratversicherungen haben eine jährliche Laufzeit und können und sollten dann gewechselt werden. Du kannst in diesem Jahr eine Versicherung wechseln, und wenn du mit der Entscheidung nicht zufrieden bist, kannst du im nächsten Jahr wieder wechseln.

Sei dir bewusst, dass du den Versicherungswechsel nicht vor deinem aktuellen Berater rechtfertigen musst. In der Regel kündigst du via Brief an die Zentrale bzw. via E-Mail an eine Infoadresse. Die Kündigung bekommen Mitarbeitende im Callcenter, die dir nicht persönlich böse sind, sondern einfach nur Standardprozesse ausführen. Möglicherweise wird deine Beraterin dich anrufen und nach deinen Gründen für die Kündigung fragen. Diese lassen sich mit einem besseren Preis-Leistungsverhältnis einfach angeben, du musst dich allerdings gar nicht rechtfertigen.

Wer sitzt dir eigentlich gegenüber?

EINE VERTRETERIN VERTRITT nur die Produkte einer Versicherungsgesellschaft und bekommt für jeden abgeschlossenen Vertrag eine Provision. Für dich ist es praktisch, eine Ansprechpartnerin für verschiedene Versicherungen zu haben. Oft ist es eine Person, die in deiner Nähe ein Büro hat und bei der du dich wohlfühlst. Allerdings hast du keinen neutralen Vergleich über die Angebote anderer Versicherer.

Ein Versicherungsmakler vertreibt Versicherungen von verschiedenen Gesellschaften. Auch Onlinevergleichsportale treten als Makler auf, denen du die Erlaubnis gibst, Versicherungen in deinem Namen zu kündigen und abzuschließen. Obwohl Makler Zugriff auf Tarife verschiedener Versicherer haben, sind sie nicht unabhängig, da sie pro Abschluss eine Provision verdienen.

Honorarberater dagegen arbeiten unabhängig. Du zahlst eine Gebühr für die Beratungsleistung (häufig ein Stundensatz). Das mag auf den ersten Blick teuer erscheinen, ist es aber nicht, weil Honorarberater Zugriff auf sämtliche Versicherungstarife haben, und zwar ohne Provision. Das bedeutet, wenn du eine Versicherung beim Makler abschließt, kostet sie dich mehr als dieselbe Versicherung bei einer Honorarberaterin. Du erkennst echte Honorarberater daran, das sie nach §34h der Gewerbeordnung zertifiziert sind.

DU KANNST DEINE BEREITS ABGESCHLOSSENEN Versicherungen von der Verbraucherzentrale oder dem Bund der Versicherten prüfen lassen. Sie sind ebenfalls unabhängig und du zahlst einen vergleichsweise geringen Stundensatz für die Beratung. Dazu machst du dir einen Beratungstermin und bringst deine Versicherungsunterlagen mit. Im gemeinsamen Gespräch werden dann die Versicherungsbedingungen geprüft und deine Fragen dazu beantwortet. Allerdings hat die Verbraucherzentrale keinen Zugriff auf vergünstigte Tarife, du kannst über sie keine Versicherungen abschließen, sondern nur Empfehlungen bekommen. Danach musst du selbst aktiv werden.

Versicherungsabschluss vor Ort im Versicherungsbüro, online über ein Vergleichsportal oder über eine App?

DAS KOMMT AUF DEIN VERSTÄNDNIS von Service an. Wenn du gern einen direkten Ansprechpartner hast, den du persönlich anrufen kannst oder mit dem du im Augenkontakt Angebote abschließen möchtest, kommt ein lokaler Versicherungsvertreter oder -makler in Frage. Nichtsdestotrotz kannst du dir ein Onlineangebot einholen und dieses zu deinem Beratungsgespräch mitbringen, um eine Vergleichsbasis zu haben.

Ein Abschluss über Onlineportale empfiehlt sich für Menschen, denen es im Schadensfall reicht, sich an die Hotline der jeweiligen Versicherung zu wenden. Vergleichsportale eignen sich besonders für Versicherungen, die ähnliche Leistungen haben, vergleichbar sind und die man häufig wechseln kann, z. B. Krankenversicherung, Kfz-Versicherung, Haftpflicht oder Hausratversicherung. Bitte bedenke, dass nicht alle Versicherungsgesellschaften auf den Vergleichsportalen vertreten sind und sich ein Abgleich mit dem Angebot deines Versicherungsvertreters trotzdem lohnen kann. Wenn es hingegen um eher komplexe Versicherungen wie die Berufsunfähigkeitsversicherung oder die private Krankenversicherung geht, lohnt es sich, ein persönliches Beratungsgespräch mit einer Maklerin oder einem Honorarberater zu verabreden.

Wenn du eine Versicherungsapp nutzt, die alle deine Versicherungen verwaltet und dir günstigere Angebote macht, dann beachte, dass du dieser App zu Beginn ein Maklermandat gibst.

Das macht Sinn, damit diese App mit deiner Zustimmung Versicherungen in deinem Namen wechseln kann. Das bedeutet aber auch, dass dein bestehender Versicherungsvertreter oder deine Maklerin nicht mehr deine Ansprechpartner sind.

Egal, welche Variante du wählst, hole verschiedene Angebote ein, vergleiche Preise und Leistung. Weitere Entscheidungskriterien können Laufzeit, Höhe der Selbstbeteiligung und Service sein. Erbitte dir Bedenkzeit; selbst wenn du eine Beratung vor Ort wählst, musst du nicht sofort unterschreiben. Vergleiche in Ruhe deine Angebote und stelle Fragen, wenn du etwas nicht verstehst. Schließlich bist du Kunde und die Serviceleistung deines Anbieters ist es, dich gut zu beraten. Lass dir aber nicht zu viel Zeit mit der Entscheidung; wenn die Unterlagen irgendwo in der Ecke liegen und du sie vergisst, hast du auch nichts davon. Setze dir selbst einen Stichtag, wann du das Thema erledigt haben willst. Willst du deinen bestehenden Versicherungsschutz von unabhängiger Seite prüfen lassen und Tipps zur Verbesserung bekommen? Dann mache gleich heute einen Termin mit deiner Verbraucherzentrale.

SPARTIPP

VEREINBARE EINE SELBSTBETEILIGUNG z. B. bei deiner Rechtsschutz- oder Kfz-Versicherung. Das bedeutet, dass du im Schadensfall die vereinbarte Summe, z. B. 150 Euro, selbst zahlen musst, den Rest übernimmt der Versicherer. Dadurch wird deine Versicherungsrate günstiger. Verzichte auf die Dynamik. Dynamik bedeutet, dass sich dein Versicherungsbeitrag um z. B. 5 Prozent im Jahr erhöht, dadurch erhöhen sich auch deine Leistungen. Hinterfrage, ob du wirklich einen höheren Versicherungsschutz benötigst. Du kannst der Dynamik jährlich widersprechen.

DEINE NÄCHSTEN SCHRITTE

1. Fülle die Tabelle mit deinem Versicherungsüberblick aus (S.113).
2. Gehe die Tabelle mit den empfohlenen Versicherungen durch (S. 115f.). Welche Versicherungen fehlen dir?
3. Mit welcher Versicherung wirst du dich als Erstes beschäftigen?
4. Bis wann möchtest du das erledigt haben? Schreibe dir den Termin in deinen Kalender.
5. Welche bestehenden Versicherungen möchtest du prüfen, auf Wechsel oder Kündigung?

ZUSAMMENFASSUNG

Versicherungen sind dazu da, dir ein Sicherheitsnetz zu spannen, damit du nicht in ein finanzielles Loch fällst, falls ein Schaden eintritt. Die Wahl der für dich passenden Versicherungen hängt von deinem Risikobedürfnis und deiner aktuellen Lebenslage ab. Viele Versicherungen kannst du regelmäßig auf einen günstigeren Tarif prüfen, um Kosten zu sparen und bessere Leistungen zu bekommen.

11 | DIE ALTERSVORSORGE-INSEL

BERUHIGT ALT WERDEN

Nachdem du wieder den weiten Weg *über die Versicherungsinsel zurück zum Floß genommen hast, steuerst du die nächste Insel an. Inzwischen stellt sich bei dir das Gefühl ein, dass du den Großteil des Dschungels schon bezwungen hast. Sobald die neue Insel in dein Sichtfeld kommt, fällt dir auf, dass sie noch ursprünglicher aussieht als die anderen. Die Felsen sind moosbewachsen, die Bäume sind riesig und wirken uralt. Die Atmosphäre ist entspannt. Du siehst Affen durch das Gebüsch tollen. Es scheint eine Affenfamilie zu sein. Du findest es so idyllisch hier, dass du dich auf einen Stein setzt und die Affen einfach beobachtest. Es ist zu niedlich, wie die kleinen putzigen Babyäffchen sich an ihren Müttern festkrallen oder wie die älteren durch das Gebüsch tollen, sie scheinen riesigen Spaß zu haben. Auf einem Felsen sitzt ein sehr betagter Affe, jedenfalls sieht er aus, als hätte er einen grauen Bart. Die jüngeren Affen gehen sehr respektvoll mit ihm um und scheinen ihn zu versorgen. Die ganze Szene wirkt auf dich, als müssten sich die Affen keine Sorgen um ihre Altersvorsorge machen. Bevor du über dieses große Thema nachdenkst, stehst du auf und machst dich auf die Suche nach dem Kreuz auf der Schatzkarte. Dieses Mal ist es ganz dicht am Ufer. Du machst einen Spaziergang am Strand entlang, kletterst über einige Felsen und findest den Schlüssel schließlich zwischen zwei Felsen. Etwas wehmütig verabschiedest du dich von dieser Insel, die solche Gelassenheit ausstrahlt, und steuerst dein nächstes Ziel an.*

WENN DU BEIM THEMA ALTERSVORSORGE genauso entspannt sein willst wie die Affenfamilie, dann solltest du frühzeitig eine Strategie für deine Altersvorsoge planen. Wenn du dich im Ruhestand auch tatsächlich ausruhen und dich nicht mit Geldsorgen quälen willst, dann mache dir in jungen Jahren einen Plan, den du in den nächsten Jahrzehnten umsetzt.

11.1 | BESTANDSAUFNAHME

WAS HAST DU BEREITS für deine Altersvorsorge gespart? Falls du in einem Unternehmen angestellt bist, geht ein monatlicher Beitrag deines Lohnes in die Rentenversicherung. Zumindest das legst du bereits für deine Rente zurück. Ist da noch mehr? Such einmal alle Dokumente, die mit deiner Altersvorsorge zu tun haben könnten. Dazu gehören:

- als Angestellte: Renteninformation der deutschen Rentenversicherung
- als Beamte: Bescheid der Pensionsanwartschaften
- Police über private Rentenversicherung(en) oder kapitalbildende Lebensversicherung
- Riester-Vertrag
- Rürup-Vertrag
- betriebliche Altersvorsorge
- weitere Produkte, in denen irgendetwas mit Altersvorsorge/Rente erwähnt ist.

Du brauchst jeweils die aktuellsten Informationen über schon erworbene Rentenansprüche und die bei Renteneintritt zustehende Rente. Du wirst die Dokumente später im Kapitel benötigen.

11.2 | DAS DEUTSCHE RENTENSYSTEM

FALLS DU BISHER DACHTEST: »Meine Rente wird schon reichen. Mein Arbeitgeber zahlt doch schließlich monatlich einen guten Anteil meines Gehalts in die Rentenversicherung ein«, dann muss ich dich leider enttäuschen. Allein von der gesetzlichen Rente wirst du keinen auskömmlichen Ruhestand haben. Im Rentensystem hat sich in den letzten Jahren einiges geändert, und nur weil deine Großeltern mit ihrer Rente richtig gut über die Runden kommen, muss das bei dir nicht mehr so sein, wenn du einmal alt bist.

Das deutsche Rentensystem basiert auf dem Umlageverfahren. Das bedeutet, dass das Geld, das heute eingezahlt wird, an die heutigen Rentnerinnen und Rentner als Rente sofort wieder ausgezahlt wird. Die Menschen, die aktuell arbeiten, sichern sich mit ihren Beiträgen in die Rentenversicherung einen Anspruch auf eine Rente im Alter, die dann wieder die in der Zukunft arbeitenden Angestellten zahlen. Das System funktionierte zur Zeit der Einführung gut, da das Verhältnis von arbeitenden Menschen zu denen mit Rentenbezug angemessen war. In den 1960er Jahren kamen auf jeden Rentner etwa sechs Arbeitende. Mittlerweile gibt es pro Rentner nur noch zwei Arbeitende. Dazu kommt, dass die Menschen älter werden und länger Rente beziehen. Das zeigt, dass das aktuelle System nicht mehr lange funktionieren kann und wir alle zusätzlich privat vorsorgen müssen.

Die Altersvorsorge in Deutschland ist auf drei Säulen aufgebaut: der gesetzlichen Rentenversicherung, der betrieblichen Altersvorsorge und der privaten Altersvorsorge.

Die erste Säule ist deine Basis, hierunter fallen die Pflichtbeiträge zur gesetzlichen Rentenversicherung. Das ist der Anteil, den alle Angestellten automatisch einzahlen und den auch Selbstständige freiwillig einzahlen können. Sofern du fünf Jahre in die gesetzliche Rentenversicherung eingezahlt hast, wird dir ab deinem 27. Lebensjahr jährlich eine Renteninformation zugeschickt. Daraus kannst du ablesen, mit welcher Rentenhöhe du im Alter rechnen kannst. Wie genau du diesen Brief verstehen kannst, erkläre ich dir im nächsten Unterkapitel.

Zur zweiten Säule der deutschen Rentenversicherung zählen die betriebliche Altersvorsorge, die Riester-Rente und die Rürup-Rente. Alle drei werden später im Kapitel mit Vor- und Nachteilen erklärt. Als Arbeitnehmer hast du einen gesetzlichen Anspruch auf betriebliche Altersvorsorge (bAV), die dir dein Arbeitgeber ermöglichen muss. Dann gibt es noch die staatlich geförderte Riester-Rente. Diese ist dafür gedacht, dir deine gesetzliche Rente aufzustocken, und das als lebenslange Rente. Eine Rürup-Rente ist für Selbstständige als Ersatz oder Ergänzung für die gesetzliche Rente vorgesehen.

Die dritte und wichtigste Säule der Altersvorsorge in Deutschland ist die private Vorsorge. Das kann verschiedene Formen annehmen: Du kannst eine Rentenversicherung abschließen. Die wohl bekannteste private Vorsorge ist die eigene Immobilie, die dir im Alter die Mietkosten sparen soll. Die Idee geht in vielen Fällen auf, jedoch nicht immer. In Kapitel 13 werde ich das Thema »Kaufen oder mieten« detaillierter erklären. Eine vernünftige Variante für dich und dein Geld ist es, in den Aktienmarkt zu investieren. Wenn du mindestens 15 Jahre Zeit bis zur Rente hast, ist ein breit gestreuter ETF-Sparplan die Variante mit der besten Rendite und geringem Aufwand. Bleiben wir zunächst bei der gesetzlichen Rente. Nachfolgend erkläre ich dir, wie du den Brief mit der Renteninformation verstehen und die wichtigsten Informationen rauslesen kannst.

11.3 | EXKURS: DEINE RENTENINFORMATION VERSTEHEN

Deine Rentenhöhe

WENN DU DEN BRIEF MIT DER Renteninformation der Deutschen Rentenversicherung vor dir liegen hast, siehst du auf den ersten Blick drei Zahlen in einem Kästchen.

Die erste Zahl gibt deinen Anspruch für die Rente bei voller Erwerbsminderung an. Also für den Fall, dass du gesundheitlich so angeschlagen bist, dass du nicht mehr als drei Stunden pro Tag in irgendeinem Job arbeiten kannst.

Die zweite Zahl gibt an, welche Rente du dir – Stand heute – erwirtschaftet hast. Würdest du dich morgen selbstständig machen und nie wieder in die gesetzliche Rentenversicherung einzahlen, dann würdest du diese Rente im Alter monatlich ausgezahlt bekommen.

Mit der dritten Zahl kannst du schon mehr anfangen, sie steht hinter dem Satz: »Sollten bis zum Rentenbeginn Beiträge wie im Durchschnitt der letzten fünf Kalenderjahre gezahlt werden, bekämen Sie [...] von uns eine monatliche Rente von ...«.

Frage dich an dieser Stelle, ob die letzten fünf Arbeitsjahre repräsentativ für dein künftiges Arbeitsleben sein werden. Warst du in den letzten fünf Jahren noch im Studium oder in der Ausbildung, wird dein Einkommen in den nächsten Jahren steigen, d. h. deine Rente wird sich nach einigen Jahren Berufserfahrung erhöhen. Planst du, in den nächsten Jahren in Teilzeit zu arbeiten oder eine Auszeit, z. B. für die Kindererziehung, zu nehmen, wird sich das langfristig negativ auf deine Rente auswirken.

Rentenanpassung

ES IST WAHRSCHEINLICH, DASS DIE RENTEN in den nächsten Jahren steigen werden. Die gezahlten Renten erhöhen sich immer, wenn sich auch das Lohnniveau der arbeitenden Bevölkerung erhöht. Den geschätzten Wert für deine auszuzahlende Rente entnimmst du dem nächsten Abschnitt im Brief. Orientiere dich an der monatlichen Rente bei einem Anpassungssatz von 1 Prozent. Diesen Wert benötigst du für weitere Berechnungen im Kapitel. Bedenke bereits hier, dass das nicht die Rente sein wird, die du ausgezahlt bekommst, denn du musst diese später besteuern und davon deine Krankenversicherung zahlen. Ziehe von dem Wert 20 Prozent ab, um einen realistischeren Wert zu bekommen.

Die Sache hat allerdings einen Haken, es heißt »ohne Berücksichtigung des Kaufkraftverlustes« – das bedeutet: ohne Berücksichtigung der Inflation. Konkret heißt das, dass du dir in 40 Jahren von dem Eurowert auf deinem Rentenbescheid viel weniger kaufen kannst als heute. Jedoch weißt du heute nicht, was ein Stück Butter zu deinem Rentenbeginn kosten wird. Deswegen solltest du dir ausrechnen, was deine Rente heute wert ist. Nutze dazu am besten einen Inflationsrechner im Internet, z. B. **https://www.zinsen-berechnen.de/inflationsrechner.php.**

GIB DEINE ZAHLEN ENTSPRECHEND der nachfolgenden Tabelle ein. Im Ergebnis siehst du unter »zukünftige Kaufkraft«, was deine Rente Stand heute wert ist.

	BEISPIEL	DEINE ZAHLEN
Ursprungsbetrag: monatliche Rente zu 1% Anpassungssatz	1.700 €	____ €
Inflationsrate	2 %	2 %
Zeitraum: Anzahl der Jahre bis zu deinem 67. Geburtstag	40	____
zukünftige Kaufkraft	769,91 €	____ €

Die Sache mit den Entgeltpunkten

AUF DER RÜCKSEITE DES BRIEFES STEHT EINE ZAHL der bisher erworbenen Entgeltpunkte. Wenn du genauso viel wie alle Deutschen im Durschnitt verdienst, bekommst du einen Rentenpunkt. Wenn du die Hälfte verdienst, einen halben Rentenpunkt, wenn du mehr verdienst, entsprechend mehr Rentenpunkte (maximal 2,1 Rentenpunkte pro Jahr). Im Jahr 2020 lag der Durchschnittsverdienst aller Versicherten bei 40.551 Euro brutto pro Jahr. Diese Rentenpunkte werden später, wenn du in Rente gehst, mit einem Geldwert multipliziert, um deine künftige Rente zu berechnen (2020 entsprach ein Rentenpunkt einem Geldwert von 34,19 Euro im Westen und 33,23 Euro im Osten). Nachfolgend findest du ein Rechenbeispiel eines Durchschnittsverdieners.

Wenn eine Durchschnittsverdienerin 45 Jahre lang jedes Jahr einen Rentenpunkt erwirtschaftet, würden ihr Stand heute 1.495 Euro Rente ausgezahlt, maximal möglich sind 3.140 Euro.

Das ist allerdings nur die Bruttorente, davon müssen zunächst Steuern und die Krankenversicherung gezahlt werden. Hier drei Beispiele:

	DURCHSCHNITTSVERDIENER		MAXIMALVERDIENER
Einzahldauer	35 Jahre	45 Jahre	45 Jahre
Rentenpunkte pro Jahr	1	1	2,1
Rentenzahlung (2021)	1.163 €	1.495 €	3.140 €
Abzüglich 20% Steuern & Krankenversicherung	-233 €	-299 €	-628 €
MONATLICH VERFÜGBARE RENTE	**930 €**	**1.196 €**	**2.512 €**

Wenn du dir die dann verfügbare Nettorente anschaust, kannst du dich fragen, ob du von diesem Betrag monatlich leben kannst. Bedenke dabei auch, dass wohl die wenigsten ab Berufseinstieg bereits den Durchschnittslohn aller Deutschen bekommen und dass es auch Jahre geben kann, in denen du aufgrund von Teilzeit oder aus anderen Gründen weniger in die Rentenversicherung einzahlst und weniger als einen Punkt pro Jahr erwirtschaftest.

11.4 | DEINE RENTENLÜCKE ERMITTELN

NACHFOLGEND GEBE ICH DIR EINE ANLEITUNG, wie du deine Rentenlücke bestimmen kannst, um ein Gefühl dafür zu bekommen, in welcher Höhe du privat vorsorgen sollst.

1. Schritt | Wie viel Geld wirst du im Alter benötigen?

JA, ICH WEISS, ES SIND NOCH VIELE JAHRE hin und du hast keine Ahnung, wie du später wohnen wirst, wie viele Familienmitglieder oder Tiere du versorgen musst und wie sich dein Lebensstil ändern wird. Es gibt zwar Faustregeln, dass die Rente etwa 80 Prozent vom derzeitigen Netto betragen sollte, aber etwas genauer wollen wir es schon wissen. Machen wir es uns einfach und gehen wir von heute aus. Wenn du ab morgen Rentnerin oder Rentner wärst, wie viel Geld würdest du monatlich benötigen?

Gehe dazu zurück in dein Haushaltsbuch und liste auf, was du benötigen wirst, wenn du dein Leben so weiterführst wie bisher:

Miete / Immobilienkredit ______________________ €

Lebensmittel ______________________ €

Transport / Auto ______________________ €

Freizeit / Hobbys ______________________ €

Versicherungen (bis auf die Berufsunfähigkeitsversicherung können alle bestehen bleiben) ______________________ €

SUMME MONATL. AUSGABEN IM ALTER ______________________ €

Rechne jetzt die Inflation drauf. Wenn du dir in 40 Jahren dieselben Sachen wie heute leisten möchtest, wird der Preis dafür höher sein. Rechne mit einer Inflation von 2 Prozent im Jahr, das entspricht etwa dem Durchschnittswert der letzten 40 Jahre.

Nutze dazu einen Inflationsrechner im Internet, z. B. **https://www.zinsen-berechnen.de/inflationsrechner.php.**

Der Ursprungsbetrag ist die Summe, die du zum Leben benötigst, dann wählst du als Inflationsrate 2 Prozent und als Zeitraum die Anzahl der Jahre bis zu deinem 67. Geburtstag (oder gewünschtem Renteneintritt).

	BEISPIEL	DEINE ZAHLEN
Ursprungsbetrag: monatliche Ausgaben im Alter	1.200 €	____ €
Inflationsrate	2%	2%
Zeitraum: Anzahl der Jahre bis zu deinem 67. Geburtstag	40	____
Ausgaben im Alter nach Inflation	2.650 €	____ €

2. Schritt | Mit welcher gesetzlichen Rente darfst du rechnen?

SCHAU DIR ZUNÄCHST deine Renteninformation an. Wähle die Zahl, die im Abschnitt »Rentenanpassung« hinter dem Satz »Beträgt der jährliche Anpassungssatz 1 Prozent, so ergäbe sich eine monatliche Rente von etwa« steht.

Davon ziehst du 20 Prozent für Steuern und Krankenversicherung ab, die du im Alter zahlen musst.

	BEISPIEL	DEINE ZAHLEN
Gesetzlicher Rentenanspruch mit 1% Anpassung	1.700 €	____ €
abzüglich 20% für Steuern und Sozialabgaben	-340 €	____ €
Voraussichtlich verfügbare gesetzliche Rente	1.360 €	____ €

3. Schritt | Deine Rentenlücke

TRAGE JETZT IN DIE FOLGENDE TABELLE die bisher berechneten Zahlen ein und ergänze die garantierten monatlichen Renten aus deinen Altersvorsorgeprodukten:

	BEISPIEL	DEINE ZAHLEN
Benötigte Rente: deine Ausgaben im Alter nach Inflation	2.650 €	____ €
abzüglich verfügbarer gesetzlicher Rente	– 1.360 €	–____ €
abzüglich garantierter monatlicher Rente aus BaV	– 50 €	–____ €
abzüglich garantierter monatlicher Rente aus Riester oder Rürup	– 125 €	–____ €
abzüglich garantierter monatlicher Rente aus Rentenversicherung	–	–____ €
Rentenlücke	1.115 €	____ €

WENN DIE ZAHL POSITIV IST, hast du eine Rentenlücke, die du durch weitere Rentenversicherungsprodukte und/oder private Vorsorge auffüllen solltest. Wenn die Zahl negativ ist, dann hast du schon ganz viel richtig gemacht und sorgst bereits gut für dein Alter vor.

Wenn du deine Rentenlücke noch genauer ermitteln möchtest und für verschiedene Lebenssituationen ausrechnen willst, wie viel Geld du für dein Alter ansparen solltest (falls du z. B. früher aus dem Arbeitsleben aussteigen möchtest), dann empfehle ich dir das Buch *Rente ohne Roulette* von ANNETTE WEISS.

11.5 | DIE RICHTIGE ALTERSVORSORGE FÜR DICH FINDEN

SELBST WENN DICH DIE RENTENLÜCKE momentan schockiert, hast du noch einige Jahre bis zur Rente Zeit. Blicke der Wahrheit ins Gesicht und geh das Thema Altersvorsorge an. Es gibt verschiedene Möglichkeiten, Geld für deinen Ruhestand anzusparen.

Nutze im ersten Schritt unbedingt die Kontenklärung bei der deutschen Rentenversicherung, sofern du in die gesetzliche Rentenversicherung einzahlst. Die Kontenklärung ist ein kostenloses Beratungsgespräch mit dem Ziel, gemeinsam zu prüfen, ob alle rentenversicherungspflichtigen Zeiten und Einkommen korrekt gemeldet und im System deinem Rentenkonto zugeordnet sind. Die Kontenklärung kannst du schon im jungen Alter machen. Jetzt stehen die Chancen gut, dass du dich noch an alle bisherigen beruflichen Stationen erinnern kannst und entsprechende Dokumente wie Abiturzeugnis, Studienbescheinigungen oder Verträge der Nebenjobs oder von Jobs im Ausland nachweisen kannst. Vor allem solltest du diesen Termin wahrnehmen, bevor du 45 Jahre alt wirst. Denn bis zu diesem Alter kannst du noch freiwillige Nachzahlungen leisten, z. B. für Studienzeiten. Falls du Kinder hast, prüfe, ob die Kindererziehungszeiten anerkannt worden sind. Diese musst du selbst melden, das passiert nicht automatisch. Nach diesem Termin kann es sein, dass sich die Zahl auf deinem Rentenbescheid erhöht.

Ich stelle dir im Folgenden verschiedene Altersvorsorgemöglichkeiten vor. Wäge dabei ab, welche davon zu deiner individuellen Situation passen. Deine Kriterien sollten sein:

- Kosten der Produkte (häufig sind gerade Abschluss- oder Verwaltungskosten nicht explizit aufgeführt, sondern versteckt enthalten, frage aktiv nach!)
- Wie viel Risiko bist du bereit einzugehen? Wenn du eine hohe Rendite erwirtschaften möchtest, musst du auch ein hohes Risiko eingehen. Die Rendite ist dein Preis für das eingegangene Risiko. Je höher das Risiko, desto höher die Rendite. Falls du noch viele Jahre bis zur Rente hast, kann deine Risikobereitschaft weitaus höher sein, als wenn du fünf Jahre vor deinem Renteneintritt stehst.
- Wie flexibel ist das Produkt? Kannst du das Produkt kündigen oder dir frühzeitig auszahlen lassen?

Private Renten- oder Lebensversicherung

IN EINE RENTEN- ODER KAPITALBILDENDE Lebensversicherung zahlst du über Jahre, eher Jahrzehnte, ein, um mit Start des Renteneintrittsalters eine lebenslange Rente ausgezahlt zu bekommen. Oft ist es möglich, eine größere Einmalzahlung in eine lebenslange Rente umzuwandeln. Das ist erst kurz vor dem Renteneintritt möglich. Früher gab es bei alten Versicherungen garantierte Mindestrenten, die in einigen Fällen eine attraktive Geldanlage waren. In der heutigen Niedrigzinsphase lohnt es sich in den meisten Fällen nicht, eine kapitalbildende Lebensversicherung neu abzuschließen. Das Preis-Leistungsverhältnis stimmt hier nicht, für eine geringe Rendite hast du hohe Kosten. Eine Rentenversicherung kann dennoch deine Rentenlücke in geringem Maß auffüllen, und zwar mit Planbarkeit, welches Geld dir später zustehen wird.

Betriebliche Altersvorsorge (bAV)

EINE BETRIEBLICHE ALTERSVORSORGE kommt vor allem für Angestellte in Frage. Viele Unternehmen bieten diese Möglichkeit an. Entweder zahlt deine Firma die kompletten Beiträge in eine Rentenversicherung ein oder du kannst die sogenannte Entgeltumwandlung nutzen. Dabei fließt ein Teil deines Bruttogehalts in die betriebliche Altersvorsorge. Auf diesen Betrag musst du keine Steuern und Sozialabgaben zahlen. Das führt dazu, dass du die Zahlung netto nicht so stark merkst. Je nach Höhe deines Einkommenssteuersatzes kann es sein, dass du 100 Euro von deinem Bruttogehalt in die bAV einzahlst und nur 50 Euro netto weniger Gehalt auf dein Konto überwiesen bekommst. Das sieht auf den ersten Blick sehr lohnenswert aus.

Da auch dein Arbeitgeber Sozialabgaben spart, ist er verpflichtet, deinen Beitrag um mindestens 15 Prozent aufzustocken. Doch das ist noch nicht genug. Als Faustregel gilt, dass sich betriebliche Altersvorsorge erst lohnt, wenn deine Chefin noch mindestens 30 Prozent auf deinen Einzahlungsbetrag drauflegt. Sollte dein Unternehmen weniger dazugeben, dann frag doch deinen Vorgesetzten oder die Personalabteilung, ob ein höherer Zuschuss möglich ist. Das ist nämlich Verhandlungssache. Wenn du dir unsicher bist, ob du einen guten Vertrag angeboten bekommen hast, dann mach dir einen Termin bei der Verbraucherzentrale und lass den Vertrag einmal prüfen. Wenn dein Arbeitgeber die kompletten Beiträge übernimmt, dann solltest du nicht lange zögern und dieses Geschenk annehmen.

Lass dir gut durchrechnen, ob sich eine betriebliche Altersvorsorge für dich lohnt. Denn dein Unternehmen wählt den Anbieter für die Altersvorsorge aus, du hast also selten ein Mitspracherecht. Das bedeutet auch, wenn du deinen Arbeitgeber wechselst, muss dein neuer Arbeitgeber den bestehenden Vertrag nicht weiterführen. Es kann sogar sein, dass du einen neuen abschließen musst. Der alte Vertrag ruht dann und du bekommst im Rentenalter kleine Mini-Renten von den verschiedenen Anbietern ausgezahlt. Außerdem zahlst du durch die Einsparungen der Sozialversicherungsbeiträge auch weniger Geld in die gesetzliche Rentenversicherung ein, was sich (in geringen Maßen) negativ auf deine gesetzliche Rente auswirkt.

Die Riester-Rente

DIE RIESTER-RENTE WURDE EINGEFÜHRT, als klar wurde, dass die aktuell gezahlten Renten nicht mehr reichen und eine private Aufstockung nötig sein würde. Man kann die Riester-Rente als Versicherung auf das lange Leben sehen, sie zahlt sich erst wirklich aus, wenn man richtig alt wird und diese Form der Rente lange bezieht. Besonders von Riester profitieren Alleinverdienende mit mehreren Kindern und Vielverdienende (ab einem Bruttojahresverdienst von 50.000 Euro).

Attraktiv ist besonders die staatliche Zulage von 175 Euro pro Jahr. Wenn du Kinder hast, die nach 2008 geboren wurden, kommen pro Kind nochmals 300 Euro staatliche Förderung dazu. Wenn du wissen willst, wie viel du einzahlen musst, um die volle Zulage zu erhalten, musst du dich an deinem Jahresverdienst aus dem letzten Jahr (brutto) orientieren. Davon errechnest du 4 Prozent und ziehst die dir zustehenden Zulagen ab. So erhältst du den Betrag, den du im aktuellen Jahr einzahlen solltest, damit dir volle Zulagen ausgezahlt werden. In folgender Tabelle ist das besser ersichtlich:

	PERSON A (keine Kinder)	**PERSON B** (zwei Kinder)
Bruttojahresverdienst Vorjahr	**30.000 €**	**30.000 €**
Davon 4%	**1.200 €**	**1.200 €**
abzüglich staatlicher Zulage	**-175 €**	**-175 €**
abzüglich Kinderzulagen	**0 €**	**-600 €**
Deine jährliche Einzahlung für volle Förderung	**1.025 €** (ca. 86 € monatlich)	**425 €** (ca. 36 € monatlich)

DU SIEHST ALSO, DASS EIN RIESTER-VERTRAG gerade für Familien mit zwei oder mehreren Kindern lohnenswert sein kann. Bei Person B aus dem Beispiel mit zwei Kindern sind die staatlichen Zulagen (775 Euro) höher als die eigenen Einzahlungen (425 Euro).

Du zahlst mindestens 60 Euro, maximal 2.100 Euro (abzüglich Zulagen) pro Jahr ein. Diese Beträge kannst du bei deiner Steuerklärung angeben und dadurch deine Steuerlast senken. Damit sind diese zum Zeitpunkt der Einzahlung steuerfrei. Allerdings musst du auf die Riester-Rente, die dir später ausgezahlt wird, Steuern zahlen. Das kann sich lohnen, da der Steuersatz im Alter oft niedriger ist als im aktiven Berufsleben. Natürlich kann niemand vorhersehen, wie sich die Steuersätze entwickeln werden. Das Argument der Steuerersparnis sollte also nicht der einzige Grund für eine Riester-Rente sein.

Deine eingezahlten Beiträge und die Zulagen sind dir zum Renteneintritt garantiert, was Riester zu einem sicheren Altersvorsorgeprodukt macht. Unabhängig davon, wie gut sich der Vertrag zusätzlich entwickelt, kannst du die staatlichen Zulagen als deine persönliche Verzinsung betrachten. Kurz vor Beginn der Auszahlung hast du die Option, dir 30 Prozent des angesparten Geldes auszahlen zu lassen, der Rest wird dir als monatliche Rente überwiesen.

Trotzdem gibt es Kritik an Riester: Die Renditen sind gering, das aufgebaute Vermögen ist nur begrenzt vererbbar und eine Kündigung des Vertrages führt zur Rückzahlung deiner Zulagen und Steuervorteile. Deswegen solltest du deinen Vertrag lieber ruhend stellen als ihn zu kündigen, falls Riester nicht mehr zu deiner Altersvorsorge-Strategie passt.

Was Riester etwas kompliziert macht, sind die unterschiedlichen Formen der Verträge: Banksparpläne (lohnen sich oft nicht wegen der geringen Garantieverzinsung), Fondssparpläne (durch die Investition in den Aktienmarkt kannst du eine gewisse Rendite erwarten) oder Wohn-Riester (ähnlich einem Bausparvertrag; diese Variante solltest du nur wählen, wenn du sicher bist, ein Eigenheim zu kaufen und darin deinen Lebensabend verbringen zu wollen).

Die Rürup-Rente

MIT DER RÜRUP-RENTE BRAUCHST DU DICH erst zu beschäftigen, wenn du 40 Jahre oder älter bist. Die Rürup-Rente war ursprünglich für Selbstständige als Alternative zur gesetzlichen Rentenversicherung gedacht. Inzwischen können auch Angestellte, die viel verdienen, einen Rürup-Vertrag abschließen.

Bis zu einem bestimmten Einzahlungsbetrag lassen sich deine eingezahlten Beträge von der Steuer absetzen. Damit ist die Einzahlung steuerfrei. Bedenke, dass du die Rürup-Rente im Rentenalter vollständig versteuern musst, der tatsächliche Auszahlungsbetrag wird also niedriger sein als der, den dir dein Vertragspartner ankündigt.

Wie bei der gesetzlichen Rente kannst du Rürup nicht einfach kündigen und dir deine bereits eingezahlten Beiträge auszahlen lassen. Du kannst den Vertrag höchstens beitragsfrei stellen. Dein eingezahltes Geld ist also fix an diese Altersvorsorgeform gebunden. Das Geld ist für eine lebenslange Rente gedacht, und du bekommst es erst im Rentenalter ausgezahlt.

Lass dir, z. B. in einer Verbraucherzentrale, vorrechnen, ob der angebotene Rürup-Vertrag wirklich zu deiner Lebenssituation passt. Solltest du noch recht jung und selbstständig sein, ist Rürup nämlich nicht passend für dich, da das Einkommen in den ersten Jahren der Selbstständigkeit oft noch stark schwankt und bei einem geringen zu versteuernden Einkommen keine Steuervorteile durch Rürup genutzt werden können.

Immobilien

EIN EIGENES HAUS, ALSO EINE SELBSTGENUTZTE Immobilie, ist der Traum vieler Deutscher. Viele sagen sich: »Mein Haus ist meine Altersvorsorge, schließlich muss ich dann im Alter keine Miete mehr zahlen.« Das stimmt und trotzdem gebe ich zu bedenken, dass Hausbesitzer alles in allem höhere Kosten haben als Mieter (z. B. Wohngebäudeversicherung, Grundsteuern sowie höhere Strom- und Heizkosten durch die größere Wohnfläche). Außerdem fallen immer wieder einmal Erneuerungen und Reparaturen an, ganz bestimmt auch während eines Ruhestandes von 30 oder mehr Jahren. Hier brauchst du auch als Hausbesitzerin zusätzliche Rücklagen, die du dir in jungen Jahren parallel zur Kredittilgung aufbauen solltest.

DANN GIBT ES NOCH DIE MÖGLICHKEIT der vermieteten Immobilien, wenn du beispielsweise eine Eigentumswohnung kaufst und diese vermietest. Das kann langfristig attraktiv sein, weil du die Kreditraten an die Bank über die eingenommene Miete finanzierst. Und wenn die Wohnung irgendwann abbezahlt ist, erwirtschaftest du dir ein monatliches Zusatzeinkommen. Dieses Thema erfordert einiges an anfänglichem zeitlichen Invest. Du solltest zunächst lernen, eine gute Lage, angemessene Kaufpreise und Qualität der Wohnung einzuschätzen. Außerdem solltest du dir ein Netzwerk an Handwerkern aufbauen.

Indexfonds

DIE BISHER GENANNTEN Altersvorsorgemöglichkeiten sind nur für bestimmte Zielgruppen gedacht. Wenn du noch jung bist und mindestens 15 Jahre (besser länger) Zeit für deine Altersvorsorge hast, außerdem flexibel sein möchtest, empfehle ich dir, dein Geld im Aktienmarkt anzulegen. Und zwar nicht in zwei bis drei erfolgversprechende Aktien, sondern breit gestreut, in über viele Branchen und Länder verteilten Portfolios, z. B. mit Indexfonds.

Ein ETF (Exchange Traded Fund), zu Deutsch börsengehandelter Indexfonds, bildet einen Index (ein Aktienverzeichnis) ab. Beispielsweise bildet der DAX die Entwicklung der 40 größten deutschen börsengehandelten Unternehmen ab, der Index MSCI World etwa die 1.600 umsatzstärksten Unternehmen weltweit. Orientiere dich für deine Altersvorsorge an den größeren weltweit gestreuten Indizes, wie dem MSCI World. In einem ETF liegen also Aktien von Hunderten oder Tausenden Firmen und du kannst dir einen kleinen Anteil von diesem bunten Korb kaufen. Schon ab 25 Euro monatlich kannst du einen Sparplan aufsetzen.

BEI LANGFRISTIGEN GELDANLAGEN kannst du vom Zinseszins profitieren. Das sind Zinsen, die du auf deine Zinsen bekommst. Damit vermehrt sich dein Geld automatisch. Angenommen, du legst 100 Euro an und dein ETF wächst um 5 Prozent, dann hast du nach einem Jahr 105 Euro. Im zweiten Jahr werden dann die 105 Euro mit 5 Prozent verzinst und du besitzt schon 110,25 Euro. Nach 15 Jahren hat sich deine einmalige Einzahlung verdoppelt auf 207,89 Euro, ohne dass du weiteres Geld angespart hast. Manchmal wird der Zinseszins als achtes Weltwunder bezeichnet, weil sich exponentielles Wachstum mit menschlicher Logik schwer vorstellen lässt.

Zinseszins und Sparplan: Angenommen, du hast noch 40 Jahre bis zu deinem Renteneintritt und du möchtest 10 Prozent von deinem Nettoeinkommen monatlich für deine Altersvorsorge sparen. Für die Berechnung gehe ich von 150 Euro monatlich aus. Du zahlst also 150 Euro monatlich über 40 Jahre in einen ETF-Sparplan ein, die Zinsen werden reinvestiert (das nennt sich thesaurierend) und du profitierst vom Zinseszinseffekt. Von einer vorsichtigen Wertentwicklung von jährlich 5 Prozent ausgehend, hast du nach 40 Jahren insgesamt 72.000 Euro selber eingezahlt, in deinem ETF-Depot liegen 223.328 Euro. Dein Geld hat sich verdreifacht und du hast über 150.000 Euro Zinsen bekommen.

MIT EINEM ETF-SPARPLAN kannst du deine Altersvorsorge selbst steuern, ohne von einem Finanzberater abhängig zu sein. Du brauchst dafür Ausdauer, denn du musst tatsächlich die entsprechenden Beträge über Jahre in deinen ETF einzahlen, bis du die gewünschte Summe erreicht hast, und darfst das Geld nicht vorher für andere Ausgaben verwenden. Und du solltest darauf vertrauen, dass die Weltwirtschaft langfristig wächst. Es kann immer Phasen geben, in denen dein Depot über längere Zeit an Wert verliert. Falls das passiert, verkaufst du nicht, sondern wartest ab, bis sich die Wirtschaft erholt hat. Deine Geduld wird mit hohen Renditen belohnt. Wenn sich der Aktienmarkt weiter wie in den letzten 30 Jahren entwickelt, kannst du durchschnittlich von einer Steigerung von jährlich 7 Prozent ausgehen. Ziehst du davon 2 Prozent Inflation ab, so kann dein Altersvorsorgevermögen inflationsbereinigt jährlich um 5 Prozent wachsen.

IM IDEALFALL WIR DEINE ALTERSVORSORGE nicht nur einen der genannten Bausteine beinhalten, sondern mehrere Elemente. Wichtig ist, dass du dich mit den Bausteinen beschäftigst, die für dich Sinn machen und deinem Sicherheitsbedürfnis entsprechen. So könnte beispielsweise deine minimale Rente, die du im Alter für deine Grundbedürfnisse benötigst, eine Kombination aus gesetzlicher Rentenversicherung und Riester-Rente sein, und zusätzlich sparst du noch mit einem ETF-Sparplan, um dir die Kosten eines schönen Lebensabends zu ermöglichen.

AUCH BEIM THEMA ALTERSVORSORGE GILT, dass du die gewählten Produkte verstehen sollst. Dazu kannst du dir zunächst durch Blogs, Podcasts und Videos ein Grundverständnis aneignen. Wenn du an einer bestimmten Stelle nicht weiterkommst, kannst du dir fachliche Unterstützung holen und dich beraten lassen. Dort kannst du dir alle deine offenen Fragen beantworten lassen.

Finanzberater, Honorarberaterin, Versicherungsmakler – wer sitzt dir eigentlich gegenüber? Eine Finanzberaterin (z. B. die nette Beraterin deiner Hausbank oder die netten Menschen, die sich besonders gern an Unis aufhalten und Studierenden »kostenlos« einen Versicherungscheck anbieten) berät dich kostenfrei, egal, wie lange die Beratung dauert.

Warum wohl? Weil die Person über eine Provision an deinem Abschluss verdient. Ähnlich funktioniert es bei Versicherungsmaklern, nur dass diese Zugriff auf Versicherungsprodukte von verschiedenen Gesellschaften haben und somit über ein größeres Angebot verfügen.

Ein Honorarberater dagegen berät dich unabhängig, du zahlst allerdings eine Gebühr für die Beratungsleistung. Du kannst dir sicher sein, dass du im Nachhinein keine versteckten Kosten bezahlst. Du erkennst, wie gesagt, echte Honorarberater daran, dass sie nach §34h der Gewerbeordnung zertifiziert sind. Falls du bereits Angebote für deine Altersvorsorge vorliegen hast, kannst du diese unabhängig bei der Verbraucherzentrale prüfen lassen.

DEINE NÄCHSTEN SCHRITTE

1. Suche deine bisherigen Rentenbescheide und prüfe vor allem die erfassten Zeiten. Mache einen Termin bei deiner nächstliegenden Beratungsstelle der deutschen Rentenversicherung zur »Kontenklärung«. Dort könnt ihr gemeinsam alle Zeiten prüfen und du kannst dir deine Rentenlücke berechnen lassen.

2. Rechne dir aus, wie viel Rente du mindestens zum Leben brauchst. Stell dir vor, dein Renteneintritt wäre morgen. Wie viel Geld benötigst du für Miete/Nebenkosten deines Hauses, Lebensmittel, Gesundheit, Hobbys etc.?

   ____

   Rechne mit einem Inflationsrechner aus, welchem Geldwert das bei deinem gewünschten Renteneintritt entspricht.

3. Ziehe davon ab, welche Rente du bereits erwarten kannst. Reduziere jeden Posten um 20 Prozent für Krankenversicherung und Steuern.

4. Welche Rentenlücke hast du errechnet? ______________

5. Welche der vorgestellten Altersvorsorgeprodukte kommen für dich in Frage, um deine Lücke zu verkleinern?

   ____

6. Suche dir ein Produkt aus und beginne, dich intensiver darüber zu informieren.

ZUSAMMENFASSUNG

Du kannst nie zu früh damit beginnen, dich um deine Altersvorsorge zu kümmern. Je früher du startest, desto geringer sind deine monatlichen Sparraten.

12 | DIE INVESTITIONSINSEL

GELD KLUG INVESTIEREN

***Schon kurze Zeit, nachdem du** die Altersvorsorgeinsel verlassen hast, kommst du auch schon auf der nächsten Insel an. Diese ist noch schöner als die vorherige. In türkisblauem Wasser treibst du gemächlich auf deinem Floß auf die Insel zu. Sie empfängt dich mit saftigem Grün. Nach ein paar Schritten durch den Dschungel hörst du ein sanftes Plätschern. Du folgst dem Geräusch eine Weile durch das dichte Gestrüpp und entdeckst einen wunderschönen Wasserfall. Kaskadenartig fließt das Wasser voller Leichtigkeit über verschiedene Ebenen. Es ist eine so beruhigende Stimmung, dass du dich ins Gras setzt und für eine Weile einfach nur den Anblick genießt. Als du einen Blick auf deine Schatzkarte wirfst, stellst du fest, dass das Kreuz direkt auf dem Wasserfall ist. Bevor du den Felsen erklimmst, entschließt du dich, eine Runde im Wasserpool am Ende des Wasserfalls zu schwimmen. Du schwimmst auf das prasselnde Wasser zu und spürst bereits kleine Tröpfchen auf deiner Haut. Als du unter dem Wasservorhang durchtauchst, stellst du fest, dass dahinter eine Höhle ist. Du gehst in sie hinein. In der Ecke schimmert etwas, das aussieht, als wäre es aus Gold. Was sitzt denn da?*

Es ist ein Vogel mit einem goldenen Gefieder. Der Vogel sitzt auf einem Nest und brütet Eier aus. Als der Vogel kurz das Nest verlässt, siehst du, dass die Eier ebenfalls golden schimmern. Wie viele Menschen jetzt wohl den goldenen Vogel mitgenommen hätten? Dabei scheint es doch viel sinnvoller, nur ein einzelnes goldenes Ei mitzunehmen. Auf die Weise können sich die Vögel vermehren und weitere goldene Vögel heranziehen. Du entscheidest dich aber, weder Vogel noch Ei mitzunehmen. Du nimmst eine goldene Feder mit, die der Vogel gerade neben dir verloren hat. Diese Feder wird dich daran erinnern, dass du nicht nur einen goldenen Vogel besitzen möchtest, sondern auch einen, der sich um die goldenen Eier kümmert und somit für Nachwuchs und Wachstum sorgt. In dieser Höhle ist kein Schlüssel zu finden.

Du stellst hier deine Suche ein, denn du hast das Gefühl, dass der Sinn deines Besuches war, diesen goldenen Vogel zu sehen und dabei deine Lektion zu lernen. Auf dem Weg zurück zum Floß entdeckst du viele exotische Pflanzen, die gerade Früchte tragen. Du findest die Pflanzen so wunderschön und die Früchte so saftig süß, dass du dir ein paar Samen mitnimmst, um sie zu Hause zu säen.

LASS UNS ZU DEINER FINANZLAGE zurückkehren und uns vorstellen, dass dein Einkommen auch terrassenartig von Stufe zu Stufe fließt. Aus der ersten Terrassenstufe wird dein Notgroschen gespeist. Wenn dieser Wasserpool voll ist, wird in der nächsten Stufe der Sparplan für deine kurz- und mittelfristigen Sparziele befüllt. Und wenn noch Geld übrig ist und in die nächste Stufe fließen kann, dann bist du bereit für das nächste Level: das Investieren.

Du bist schon weit gekommen auf deiner Geldreise! Von hier aus gibt es viele Möglichkeiten, dein Geld gewinnbringend anzulegen. Du möchtest dir einen »goldenen Vogel« züchten, um von den »goldenen Eiern« leben zu können. Du hörst von Gold, Immobilien, Crowdfunding, Peer-to-Peer, Aktien, Anlagen in Kunst, Bitcoins und noch einigen Produkten mehr. Ich kann dir in diesem Buch nicht alle verfügbaren Anlageprodukte vorstellen. Vielmehr zeige ich dir, welche Investitionsmöglichkeiten ohne viel Aufwand funktionieren und dir gute Zinsen einbringen können.

ALS ALLERERSTES SOLLTEST DU in dein Humankapital investieren. In dein was? Investitionen in dein Humankapital – das sind Investitionen in dich selbst, in deine Gesundheit, deinen Körper, dein Wissen. Dein Humankapital ist deine Arbeitsleistung, sprich dein Gehalt, das du bis zur Rente erwirtschaftest. Egal, ob als Angestellter oder als Selbstständige, du kannst nur investieren, was du vorher verdient hast, und zwar abzüglich deiner Konsumausgaben. Stell dir vor, du würdest morgen für immer aufhören zu arbeiten, bliebe dann noch Geld zum Investieren übrig? Vermutlich nicht. Deswegen sollte es deine Priorität sein, für dich selbst zu sorgen, dich gesund zu ernähren, genug zu schlafen und Sport in deinen Alltag zu integrieren.

In dein Humankapital zu investieren kann auch bedeuten, dir selbst eine Weiterbildung zu finanzieren, unabhängig davon, ob es zu deinem aktuellen Job passt oder dein Arbeitgeber diese fördert. Vielleicht ist genau jetzt der richtige Zeitpunkt, dich um den neuen Job zu bewerben, der dich schon länger interessiert? Es kann bedeuten, dass du dir eine Massage oder ein Wellnesswochenende gönnst, um dich mal wieder richtig zu erholen. Oder du buchst ein Personal Training, um deine sportlichen Ziele zu erreichen. Vielleicht kaufst du ab heute regelmäßig Bio-Lebensmittel, die dir bisher zu teuer erschienen. Gehe in dich, was tut dir – deinem Geist und deinem Körper – gerade richtig gut?

SCHNAPPE DIR EINEN TASCHENRECHNER und rechne dir einmal aus, wie viel Geld du im Laufe deines Arbeitslebens noch verdienen wirst. Nimm dein Netto-Monatsgehalt, multipliziere es mit zwölf und dann mit der Anzahl der künftigen Arbeitsjahre.

HUMANKAPITAL =

Nettomonatsgehalt __________ x 12 Monate = __________

x Anzahl der Jahre bis zur Rente __________ = __________

IST DIE ZAHL MEHRERE HUNDERTTAUSEND EURO groß oder sogar in Millionenhöhe? Bei dieser Berechnung sind mögliche Gehaltssteigerungen noch gar nicht inbegriffen. Jetzt hast du die Höhe deines Humankapitals errechnet, das du im Laufe deines Lebens erwirtschaften wirst. Um dieses Vermögen zu schützen, solltest du es schon in jungen Jahren pflegen.

Überlege dir an dieser Stelle, in welcher Höhe du ab sofort in dein Humankapital investieren möchtest. Hast du ein konkretes Sparziel? Oder willst du einen monatlichen Betrag sparen, damit du Geld verfügbar hast, wenn du es später benötigst (z. B. weil du dich selbstständig machen willst oder eine längere Auszeit planst)?

Du erinnerst dich bestimmt an das 6-Konten-Modell aus Kapitel 8. Dort wird empfohlen, 10 Prozent deines Nettoeinkommens für dein Humankapital zu investieren. Rechne dir aus, wie viel 10 Prozent von deinem Netto aktuell ausmachen. Was willst du dir von dieser Summe im nächsten Monat Gutes tun? Wenn du monatlich einen festen Betrag für dein Humankapital zur Seite legen willst, dann richte doch einen Dauerauftrag von deinem Girokonto auf ein Tagesgeldkonto ein.

12.2 | DER AKTIENMARKT

IM FOLGENDEN MÖCHTE ICH dir den Ansatz vorstellen, der wissenschaftlich gesehen für langfristige Investments wie deine Altersvorsorge am besten geeignet ist. Wenn du dich vertiefend dazu informieren möchtest, empfehle ich dir das Buch *Souverän investieren für Einsteiger* von GERD KOMMER.

Dass dein Geld auf dem Girokonto, im Sparschwein oder unter dem Kopfkissen Jahr für Jahr durch die Inflation etwa 2 Prozent an Wert verliert, wurde bereits erklärt. Wie kannst du dein Geld so anlegen, dass es pro Jahr mehr als 2 Prozent Rendite erwirtschaftet, damit sich dein Geld Schritt für Schritt vermehrt? Indem du in die Weltwirtschaft investierst. Die Unternehmen weltweit sind bestrebt, zu wachsen und ihre Gewinne kontinuierlich zu erhöhen. Als Aktionärin oder Aktionär kannst du davon profitieren.

An dieser Stelle lege ich dir keine komplizierten Erklärungen vor, welche Aktie du unter welchen Bedingungen kaufen und wann du sie wieder verkaufen sollst. Aktiver Handel mit Aktien erfordert Aufwand, Wissen und Zeit. Außerdem hast du das Risiko des Totalverlustes, wenn du nur zwei oder drei Aktien besitzt. Investiere stattdessen breit gestreut in viele Unternehmen, aus vielen Branchen, aus unterschiedlichsten Ländern. Das nennt sich »Diversifikation«. Damit minimierst du das Risiko, viel Geld zu verlieren, falls ein Unternehmen pleitegeht oder es einem Staat nicht gut geht.

Noch dazu solltest du dein Geld auf lange Zeit anlegen. Dieser Ansatz nennt sich »Buy and Hold«. Das bedeutet, du kaufst dir Aktien, um sie langfristig zu halten. Du sammelst also Aktienanteile an und nutzt den Zinseszins, damit sich dein Geld vermehrt. Und später, im Alter, lässt du dir nur die Dividenden auszahlen. Du schlachtest also nicht deinen goldenen Vogel, sondern nimmst dir ab und an mal ein goldenes Ei oder eine goldene Feder.

»Exchange Traded Funds« (ETFs) werden dich der Börse näherbringen. Klingt immer noch kompliziert? Stell dir diese wie eine Torte vor, mit hundert oder sogar tausend Zutaten, von dieser kaufst du dir ein kleines Stück, nur einen Krümel pro Monat. So besitzt du kleine Anteile von Hunderten Zutaten, hast breit gestreute Anteile.

12.3 | ETFs

EXCHANGE TRADED FUNDS (ETFs), also die börsengehandelten Indexfonds, bilden einen Index nach. Ein Aktienindex ist eine Kennzahl, die beschreibt, wie sich die Summe ihrer enthaltenen Aktien entwickelt. Du kannst an ihm ablesen, wie sich ein Markt (z. B. Weltwirtschaft oder Deutschland) entwickelt hat. Ein solcher Index kann verschiedene Regionen oder Branchen abbilden, so bildet z. B. der DAX die deutsche Wirtschaft ab, indem er die Aktien der 40 größten börsennotierten Unternehmen Deutschlands enthält. Der weltweite Index MSCI World beinhaltet sogar etwa 1.600 Unternehmen aus 23 Ländern. Ein Aktienfonds ist immer eine Zusammenstellung aus verschiedenen Aktien. Ein Indexfonds beinhaltet also verschiedene Aktien, genau in dem Verhältnis, wie sie in ihrem Index vorkommen. Wenn du einen ETF auf den MSCI World besitzt und der Index MSCI World um 7 Prozent steigt, ist dein ETF dann ebenfalls um 7 Prozent gestiegen. Mit einem breit gestreuten Index bildest du den ganzen Markt ab und setzt darauf, dass sich dieser grundsätzlich positiv entwickeln wird.

Das besondere an ETFs ist, dass sie sehr kostengünstig sind. Das liegt daran, dass sie passiv gemanagt werden, was bedeutet, dass von der Fondsgesellschaft einfach Aktien nach klaren Vorgaben gekauft werden (entsprechend ihrer Verteilung im Index) und keine Mitarbeiter dafür bezahlt werden, vielversprechende Aktien auszuwählen. Das Gegenteil dazu sind aktive Fonds, welche gern von Banken oder Finanzberatern vertrieben werden. In diesem Fall kauft und verkauft ein spezialisierter Fondsmanager Aktien für einen bestimmten Fonds, mit dem Ziel, dass sich dieser Fonds besser als die entsprechenden Indizes entwickelt und er mehr Rendite machen kann. Er versucht Aktien auszuwählen, die sich besser als der gesamte Markt entwickeln. Aber auch ein Fondsmanager kann nicht voraussehen, wie sich die Märkte in der Zukunft entwickeln, und seine Auswahl an Aktien erwirtschaftet nur in den seltensten Fällen eine bessere Rendite als der Index selbst. Deswegen kannst du auf passives Investieren setzen. Das ist nicht nur auf lange Sicht erfolgreicher, sondern spart dir auch Verwaltungskosten.

Beim Investieren in börsengehandelte Indexfonds musst du keine Tausende von Euro ansparen, um vom Aktienmarkt zu profitieren. Du kannst ab 25 Euro pro Monat einen Sparplan, ähnlich wie ein Dauerauftrag, auf einen ETF laufen lassen und dir damit langfristig Zins- bzw. Ausschüttungserträge sichern.

Lege kein Geld an, von dem du dir in drei bis fünf Jahren ein Eigenheim kaufen willst. Sollten die Aktienkurse zu dem Zeitpunkt, an dem du Geld benötigst, schlecht stehen, musst du mit Verlust verkaufen.

Überall, wo es höhere Renditen als die aktuelle Inflation gibt, besteht auch ein Risiko, Geld zu verlieren. Deswegen lautet die Regel, um am Aktienmarkt zu investieren: erst den Notgroschen aufbauen, dann investieren. Nutze das Buy-und-Hold-Prinzip. Dabei legst du dein Geld langfristig an, du kaufst dir Aktienanteile und lässt diese viele Jahre lang liegen und für dich arbeiten. Diese Form der Geldanlage ist allerdings nichts für dich, wenn du ein panischer oder nervöser Mensch bist, der ständig auf sein Konto schaut und Angst um sein Geld bekommt, wenn es ein paar Prozentpunkte an Wert verloren hat. Es kann durchaus vorkommen, dass dein Depot in Krisenzeiten an Wert verliert. Das bedeutet noch nicht, dass du tatsächlich Geld verloren hast. Geld verlierst du erst, wenn du deine Geldanlagen panisch verkaufst. Wenn du dein Geld stattdessen im Depot liegen lässt und darauf vertraust, dass sich die Unternehmen wirtschaftlich wieder erholen, dann wirst du keinen Verlust erleiden. Mit etwas Geduld entwickelt sich das Depot einige Zeit später wieder positiv. Es ist deswegen ratsam, bei einer Buy-and-Hold-Strategie nur selten in dein Depot zu schauen.

Wie setzt du einen ETF-Sparplan auf?

SCHÄTZE ZUNÄCHST DEINE RISIKOBEREITSCHAFT ein. Hier spielt vor allem rein, für welchen Zeitraum du dein Geld anlegen möchtest. Falls du dein Geld für mehr als zwanzig Jahre anlegen willst, kannst du risikobereiter sein als bei einem Anlagehorizont von zehn Jahren. Außerdem sollte bei Abwägung deiner Risikobereitschaft mit berücksichtigt werden, ob du in den nächsten Jahren mit einem sicheren Gehalt rechnen kannst und wie hoch dein sonstiges Vermögen ist. Mit deiner Risikobereitschaft legst du fest, in welchem Verhältnis du deine Geldanlage in risikoreiche Anlagen (ETFs, Aktien) und risikoarme Anlagen (Tagesgeld, Festgeld) aufteilst. Folgende Tabelle zeigt dir, welche Rendite du bei welchem Risikoverhältnis (risikoreicher zu risikoarmer Anteil deines Portfolios) erwarten kannst und welchen maximalen Wertverlust du in deinem Depot aushalten können solltest.

Risikoreicher Anteil	100%	90%	80%	70%	60%	50%	40%	30%	20%	10%	0%
Risikoarmer Anteil	0%	10%	20%	30%	40%	50%	60%	70%	80%	90%	100%
Maximaler kumulativer Verlust	-53%	-48%	-44%	-38%	-33%	-27%	-20%	-14%	-8%	-3%	-2%
Erwartete Rendite (inflationsbereinigt)	5% p.a.	4,7% p.a.	4,4% p.a.	4,0% p.a.	3,7% p.a.	3,3% p.a.	2,9% p.a.	2,4% p.a.	2,0% p.a.	1,5% p.a.	1,0% p.a.

In Anlehnung an GERD KOMMER, *Souverän investieren für Einsteiger* (2019), Seite 119, auf Basis realer Renditen im Zeitraum von 1970–2017

IM ZWEITEN SCHRITT WÄHLST DU AUS, auf welchen Index du investieren möchtest. Anhand deiner Risikobereitschaft ergibt sich, aus wie vielen Geldanlageformen dein Portfolio bestehen soll. Wenn deine Risikobereitschaft bei 100 Prozent risikoreich liegt, benötigst du nur einen ETF. Bei allen anderen Werten wählst du eine Kombination aus ETF und Tagesgeld, z. B. investierst du 80 Prozent deiner monatlichen Sparrate in einen ETF (risikoreiche Anlage) und 20 Prozent sparst du auf deinem Tagesgeldkonto (risikoarme Anlage). Folgend eine Übersicht von breit gestreuten, weltweiten Aktienindizes:

INDEX	BESCHREIBUNG	ANZAHL DER ENTHALTENEN AKTIEN
MSCI World	Enthält Aktien aus 23 entwickelten Ländern	1.559
MSCI Emerging Markets	Enthält Aktien aus 27 Schwellenländern	1.406
MSCI All Country World	Bündelt MSCI World und MSCI Emerging Markets im Verhältnis von 90 zu 10 Prozent	2.965
FTSE All World	Enthält Aktien aus 47 entwickelten Ländern sowie Schwellenländern. Er ist eine Alternative zum MSCI All Country World.	3.619
MSCI World SRI	Nachhaltiger Index	373

WENN DU IN DEN WELTMARKT investieren willst, kannst du also entweder den MSCI World, den MSCI All Country World oder den FTSE All World als Index wählen. Für den Anfang ist es sicherlich einfacher, nur auf einen Index zu setzen, erweitern kannst du deine Strategie später immer noch. Wähle jetzt aus, in welchen Index du investieren möchtest!

Da du in den Index selbst nicht investieren kannst, benötigst du einen ETF, der den Index nachbildet. Für jeden Index gibt es mehr als einen ETF von unterschiedlichen Anbietern. Gehe auf ein Vergleichsportal, z. B. **www.justetf.com**, und suche nach deinem gewünschten Index. Es werden dir dann mehrere ETFs angezeigt. Um den richtigen für dich zu wählen, nutze folgende Auswahlkriterien für den Filter:

- Ist der gewünschte ETF sparplanfähig?
- Willst du einen ausschüttenden oder thesaurierenden ETF? Thesaurierend bedeutet, dass deine Gewinne wieder in demgewählten ETF angelegt werden. Nutze diese Variante, wenn du dich nicht weiter um dein Depot kümmern und den Zinseszins ausnutzen möchtest. Bei der ausschüttenden Variante bekommst du Dividenden, deine Gewinne, regelmäßig ausgezahlt.
- Wie hoch sind die Kosten? Diese werden in TER = Total Expense Ratio angegeben. Ein guter Wert ist zwischen 0,1 und 0,5 Prozent jährlich.
- Ist der Fonds größer als 100 Millionen Euro?
- Ist der ETF mindestens 5 Jahre alt?

Nachdem du das ETF-Angebot auf deinen gewünschten Index nach den genannten Kriterien gefiltert hast, bleiben nur einer oder wenige übrig. Diese sind fast identisch und unterscheiden sich nur in Nuancen.

Entscheide dich für einen ETF! Hier geht es nicht mehr darum, den allerbesten ETF zu finden, sondern mit dem Investieren zu beginnen. Jeden Tag, an dem du nicht investierst, kann dein Geld nicht für dich arbeiten. Verliere dich an dieser Stelle nicht darin, die Nachkommastellen der Kosten der ETFs in deiner engeren Auswahl miteinander zu vergleichen. Solltest du an dieser Stelle noch zögern, dann geh noch mal in dich, welche offenen Fragen du noch hast, und informiere dich mehr über die Anlageform ETF. Sobald du dich gründlich mit dem Thema beschäftigt hast, bist du bereit zu investieren.

Jetzt geht es daran, eine Depotbank mit kostenlosen oder kostengünstigen Sparplänen auszuwählen. Falls du schon ein Depot hast, schaue nach, ob dein gewünschter ETF dort angeboten wird. Besitzt du noch kein Depot, eröffne ein Depot bei einer Depotbank, die deinen gewünschten ETF möglichst kostengünstig anbietet (auch Kosten von 1,5 Prozent der Anlagesumme sind noch günstig). Ähnlich wie bei einem Dauerauftrag auf dem Girokonto startest du jetzt deinen monatlichen Sparplan im Depot. Die Höhe deines Sparplans orientiert sich entweder an deinem langfristigen Sparziel oder an deiner Sparrate, die du monatlich zur Verfügung hast.

Da du dir jetzt ein System des langfristigen Investierens aufgesetzt hast, reicht es, ein- bis zweimal im Jahr in dein Depot zu schauen. Schließlich willst du dein Geld langfristig für dich arbeiten und dich nicht von möglichen Schwankungen verunsichern lassen. Einmal jährlich solltest du ein sogenanntes »Rebalancing« vornehmen, dein Konto also entsprechend deiner Risikobereitschaft ausbalancieren.

Wenn du beispielsweise eine Risikobereitschaft von 80 Prozent risikoreich zu 20 Prozent risikoarm gewählt hast und das Verhältnis zwischen dem Depotwert deines ETF und dem Tagesgeld nach einem Jahr bei 75 zu 25 Prozent steht, dann solltest du einmalig 5 Prozent von deinem Tagesgeld in den ETF investieren, um das Verhältnis von 80 zu 20 Prozent aufrechtzuerhalten.

Wenn du deine Geldanlage selbst in die Hand nimmst, bleibst du flexibel. Du kannst jederzeit deine Sparraten erhöhen oder aussetzen. Falls du dich in ein paar Jahren für einen anderen Index entscheidest, dann kannst du das einfach tun. Du kannst den aktuellen Sparplan beenden, deine ETF-Anteile bleiben erhalten und wachsen weiter, während du einen neuen Sparplan auf einen anderen ETF startest.

Die Kosten von ETFs sind sehr transparent und gering, du hast keine versteckten Kosten, wie das bei vielen aktiven Fonds der Fall ist. Fange an und mache deine ersten Erfahrungen an der Börse. Los geht's!

Und wenn du dann im nächsten Schritt Spaß am Investieren gefunden hast, kannst du dich mit weiteren Aktien, vermieteten Immobilien oder anderen Anlagestrategien beschäftigen.

DEINE NÄCHSTEN SCHRITTE

1. Wie viel möchtest du ab heute jeden Monat in dein Humankapital investieren? (in Zeit oder Geld)

   ____

2. Bist du bereit, dein Geld in ETFs zu investieren?

   O **JA**   O **NEIN**

   ▶ Falls **NEIN,** dann recherchiere weiter zum Thema oder suche dir eine andere Anlagestrategie.

   ▶ Falls **JA,** dann folge den nächsten Schritten:

3. Bestimme deine Risikobereitschaft:

   __________ Prozent risikoreich und __________ Prozent risikoarm

4. Risikoreicher Anteil: Welchen Index willst du abbilden?

____

5. Wähle dir einen ETF aus. ____________________

6. Eröffne dein Depot.

7. Stelle einen monatlichen Sparplan auf.

8. Risikoarmer Anteil: Wie willst du dein Geld hier anlegen?

____

9. Wähle ein Produkt (z. B. Anleihen, Festgeld oder Tagesgeld):

____

10. Starte deinen monatlichen Sparplan.

11. Glückwunsch, ab jetzt lässt du dein Geld für dich arbeiten!

ZUSAMMENFASSUNG

Lass dein Geld für dich arbeiten, indem du es investierst. Dein wichtigstes Investment sollte dein Humankapital sein. Wenn du dein Geld am Aktienmarkt investierst, achte darauf, breit zu streuen und deine Anlagen langfristig zu halten.

13 | DIE IMMOBILIENINSEL

KAUFEN ODER MIETEN?

***Mit der goldenen Feder im Rucksack** machst du dich auf zur nächsten Insel. Weit kann es nicht mehr sein, bis dein Dschungelabenteuer zu Ende sein wird. Aber was ist denn das? Nachdem du die nächste Insel betreten hast und ein Stück gelaufen bist, entdeckst du eine kleine Hütte aus Holzbrettern. Du fragst dich, ob diese Insel bewohnt ist. Ob hier Robinson Crusoe und Freitag gewohnt haben? Du schleichst dich vorsichtig an, schaust zum Fenster rein, klopfst an. Die Hütte ist leer. Nach dem morschen, stark verwitterten Holz zu urteilen schon ziemlich lange.*

Unwillkürlich fragst du dich, ob du auf so einer Insel Urlaub machen würdest. Manche Leute würden sie von einem Lottogewinn kaufen. Ist das nicht der Traum vieler Menschen, auf einer einsamen Insel zu leben? Du jedenfalls hast vorerst genug von Inseln, dem Dschungel und der Einsamkeit. Du freust dich auf das Festland. Versteckt in einem Baumstumpf, nicht weit von der Hütte entfernt, findest du den nächsten Schlüssel. Ab damit in den Rucksack und dann direkt zum Floß, um die nächste Insel anzusteuern. Auf der Schatzkarte sind noch zwei weitere Inseln eingezeichnet, die du passieren musst, ehe du das Festland erreichst.

Mittlerweile bist du sehr neugierig, ob all die Schlüssel auch wirklich für eine Schatztruhe sind, und wenn ja, was da wohl drin sein könnte. In deine Gedanken versunken näherst du dich dem nächsten Ziel.

HAST DU LUST, EIN HÄUSCHEN auf einer einsamen Insel zu besitzen? Oder reicht es dir, dieses Häuschen zwei Wochen im Jahr als Ferienhaus zu mieten und deinen Urlaub dort zu verbringen? Die Kaufen-oder-Mieten-Entscheidung ist eine sehr emotionale Angelegenheit. Häufig wird sie als Lifestyle-Entscheidung bezeichnet. Es geht dabei nicht um eine reine Finanzentscheidung, sondern eher um die Fragen: Wie möchte ich künftig leben? Wo möchte ich leben? Kann ich mir vorstellen, den Rest meines Lebens so zu leben? Oder möchte ich flexibel bleiben, dafür offen bleiben, wohin das Leben mich verschlägt? In diesem Kapitel werde ich dir beide Optionen aufzeigen und dir ein paar Hinweise geben, was es zu bedenken gibt.

Zu Beginn möchte ich mit einem bekannten Glaubenssatz aufräumen: »Miete ist rausgeworfenes Geld. Von dem Geld, das ich monatlich an Miete zahle, kann ich lieber mein Haus abzahlen und es gehört mir dann irgendwann.«

Es ist ein Denkfehler, die monatliche Miete mit der möglichen Tilgungsrate eines Hauskaufs gleichzusetzen. Die Tilgungsrate bei der Bank besteht immer aus der Tilgung, also dem Abbezahlen deines Hauses, und den Zinsen für den Kredit. Die Zinsen an die Bank können über 30 Jahre Laufzeit, bei 2 Prozent Zinssatz, in der Summe bei einem Viertel des ursprünglichen Kreditbetrages liegen. Wenn dein Haus beispielsweise 400.000 Euro kostet, die du als Kredit aufnimmst, summieren sich die Zinsen über 30 Jahre zu 100.000 Euro! Zusätzlich zum Kredit musst du Rücklagen für die Instandhaltung ansparen, da du für sämtliche Reparaturen selbst aufkommen musst. Das brauchen Mieter nicht zu tun. Als Hausbesitzerin solltest du außerdem höhere regelmäßige Kosten einberechnen, wie Grundsteuer, Wohngebäudeversicherung, Müll- und Abwasserentsorgungsgebühren. Wenn Mieter diszipliniert auf andere Art und Weise ihr Geld langfristig investieren, z. B. in den

Aktienmarkt (Buy-and-Hold-Strategie), dann ist die Geldanlage genauso sinnvoll, wie im Alter ein abbezahltes Haus als Vermögensgegenstand zu besitzen.

Jetzt zu dir. Bist du eher der Typ Mieter oder eher Käuferin? Kreuze in jeder Zeile an, was eher zu dir passt, die linke oder die rechte Aussage.

ZUR MIETE WOHNEN	HAUS ODER WOHNUNG KAUFEN
O Ich möchte mir die Flexibilität erhalten, in den nächsten Jahren für einen Job oder die Familie umzuziehen.	O Ich habe mich festgelegt, mindestens für die nächsten 10 bis 15 Jahre an einem bestimmten Ort leben zu wollen.
O Meine Familienplanung ist noch nicht abgeschlossen. Ich will vorerst abwarten, wie viele Kinderzimmer wir benötigen.	O Für meine Kinder und Haustiere benötige ich viel Platz, idealerweise einen großen Garten.
O Es entspannt mich zu wissen, dass sich der Vermieter um sämtliche Reparaturen kümmert und die Kosten bereits in der Miete gedeckt sind.	O Ich bin bereit, Geld für unerwartete Reparaturen zur Seite zu legen und mich um die Beauftragung von Handwerkern zu kümmern.
O Ich schlafe eher schlecht, wenn ich an ausstehende Kreditraten denke.	O Mich stört es nicht, meine Kredite über Jahrzehnte abzuzahlen.
O Ich bin bereit, selbst langfristig Geld für meine Altersvorsorge zu sparen und mich einmalig darum zu kümmern, die passenden Anlageprodukte zu finden und Verträge abzuschließen.	O Ohne den Hauskredit würde ich nicht langfristig höhere Summen für meine Altersvorsorge sparen.
O Ich beschäftige mich damit, meine Ersparnisse langfristig im Aktienmarkt anzulegen, und glaube an die positive Entwicklung der Weltwirtschaft.	O Ich vertraue dem Aktienmarkt nicht. Ich investiere lieber in Immobilien als Altersvorsorge.

- O Die aktuellen Kaufpreise übersteigen meine finanziellen Möglichkeiten.
- O Ich kann mir in einem gegebenen Umfeld ein gemütliches Wohnambiente einrichten.
- O Es bereitet mir Unbehagen, dass es bei einem Haus immer etwas zu tun gibt und man nie fertig wird. Ich möchte einfach nur in meinen vier Wänden leben.
- O Ich weiß, dass ich irgendwann ein Haus erben werde. Ich möchte mein Vermögen auf verschiedene Anlageklassen aufteilen und nehme das Klumpenrisiko nicht in Kauf.

- O Ich habe ein für mich bezahlbares Objekt gefunden.
- O Ich möchte meine Wohnräume genau nach meinen Wünschen gestalten, sonst fühle ich mich nicht wohl.
- O Ich habe Freude daran, an meinem Haus zu werkeln und mich um die Instandhaltung zu kümmern.
- O Ich habe verstanden, dass eine Immobilie nicht automatisch über die Jahre an Wert steigt. Trotzdem fühle ich mich wohl mit dem Gedanken, ein eigenes Haus zu besitzen.

Auswertung:

HAST DU SIEBEN ODER MEHR KREUZE in nur einer, der Mieter- oder Käufer-Spalte? Dann ist deine Entscheidung eindeutig. Im Verlauf des Kapitels bekommst du Informationen, worauf du beim Hauskauf oder beim Mieten achten solltest.

Hast du einige Kreuze in der linken und einige in der rechten Spalte gemacht? Dann solltest du weiterhin abwägen, was zu dir und deiner aktuellen Lebenssituation passt. Vielleicht ist aktuell mieten genau richtig für dich, und in einigen Jahren entscheidest du wieder neu. Solange du unentschlossen bist, wohne zur Miete und nutze die Zeit, um Eigenkapital anzusparen.

WERDE DIR ZUNÄCHST KLAR, welches Wohnumfeld für dich in Frage kommt und welche Rahmenbedingungen unverhandelbar sind (Garten, Nähe zu Schulen, Verkehrsanbindung, ruhige Lage etc.).

Kalkuliere bei der Wohnfläche genau, was du und deine Familie benötigen. Es ist verschenktes Geld, Räume einzuplanen, die voraussichtlich selten genutzt werden. Überlege dir, ob es sich bei den aktuellen Preisen pro Quadratmeter lohnt, ein Gästezimmer hauptsächlich leer stehen zu lassen, nur damit zwei oder drei Mal im Jahr Besuch dort übernachten kann. Wäre es nicht günstiger, eine nahegelegene Pension zu zahlen? Auch ein großer Garten sieht natürlich toll aus, aber hast du Zeit und Lust, ihn zu pflegen?

Wenn du ein geeignetes Objekt gefunden hast, solltest du herausfinden, ob das Haus einen angemessenen Preis hat. Hierfür setzt du den Kaufpreis des Hauses mit vergleichbaren Mieten ins Verhältnis. Recherchiere, was es kosten würde, ein Haus in ähnlicher Lage, in gleicher Größe und ähnlichem Zustand monatlich zu mieten (Kaltmiete, ohne Nebenkosten). Multipliziere die monatliche Kaltmiete mit 12, um die Jahreskaltmiete zu errechnen. Jetzt teile den Kaufpreis des Hauses durch die Jahreskaltmiete. Ist die Zahl kleiner als 20, ist das Haus eher günstig, bei Werten über 25 ist der Hauskauf im Vergleich zur Miete sehr teuer.

Hast du genug Eigenkapital gespart? Als Richtwert solltest du mindestens 20 Prozent des Kaufpreises bereits auf einem Giro- oder Tagesgeldkonto liegen haben. Die Banken erwarten idealerweise eine Anzahlung von 10 Prozent des Kaufpreises. Zusätzlich liegen die Kaufnebenkosten (Notar, Grunderwerbssteuer, Makler) je nach Region zwischen 5 und 12 Prozent des

Kaufpreises. Falls du schon weißt, dass du in einigen Jahren ein Haus kaufen möchtest, dann fange mit dem Sparen an – und zwar nicht im Aktienmarkt, sondern auf einem Tagesgeldkonto ohne Wertschwankungen oder als Festgeld, selbst wenn du dafür keine Zinsen bekommst. Nutze die Spartipps aus Kapitel 8, um deine Sparquote zu erhöhen.

Wenn du dann überlegst, wie hoch deine monatliche Rate bei der Bank sein könnte, solltest du deine monatlichen Rücklagen für Instandsetzungen einkalkuliert haben. Als Faustregel für die maximale monatliche Bankrate kannst du ein Drittel eures monatlichen Nettoeinkommens ansetzen, davon ziehst du die Rücklagen für Instandhaltung und die monatlichen Betriebskosten ab. Rechne für die Betriebskosten mit 3 Euro pro Quadratmeter. Der Richtwert für die jährliche Höhe an Instandsetzungskosten liegt bei ca. 1,5 Prozent des Kaufpreises. Sobald du das Haus gekauft hast, richte dir einen Dauerauftrag für Rücklagen für die Instandsetzung deines Hauses ein. Wenn noch monatlich Sparpotenzial übrigbleibt, darf es in deine monatliche Rate einfließen, die sich so erhöhen kann.

Hier siehst du ein Beispiel:

Preis des Hauses: 300.000 Euro für 120 m² Wohnfläche

	BEISPIEL	DEINE ZAHLEN
Ein Drittel eures monatlichen Nettoeinkommens	1.500 €	____ €
Abzüglich der Instandhaltungsrücklage (0,125% vom Kaufpreis)	375 €	____ €
Abzüglich monatlicher Betriebskosten	360 €	____ €
Monatliche Bankrate	765 €	____ €

DA ES AKTUELL EINE GROSSE NACHFRAGE nach Immobilien gibt, sind jene potenziellen Käufer im Vorteil, die bereits eine vorläufige Finanzierungsbestätigung der Bank in der Tasche haben. Sprich im Vorfeld mit deiner Bank und Bausparkasse über eine mögliche Finanzierung. Das kann dein erster Schritt beim Hauskauf sein, auch wenn du noch keine konkrete Immobilie im Auge hast. So weißt du, wie teuer deine Immobilie maximal sein darf. Wenn es dann zum Kauf kommt, hole dir unbedingt ein Vergleichsangebot für den Kredit bei Online-Kreditvermittlern ein. So ein Angebot kann auch eine gute Basis für die Verhandlungen mit deiner Hausbank sein.

13.2 | WORAUF ACHTEN BEIM MIETEN?

IN VIELEN REGIONEN DEUTSCHLANDS ist es schwer, eine Mietwohnung zu finden, die sowohl den Erwartungen des Mieters entspricht, als auch verfügbar ist. Du solltest außerdem auf eine angemessene Höhe der Miete achten. Eine gängige Empfehlung ist es, dass die Warmmiete (also inkl. Nebenkosten wie Strom und Wärme) maximal ein Drittel des (gemeinsamen) Nettoeinkommens betragen sollte. Wenn das nicht möglich ist, solltest du nochmals kritisch hinterfragen, ob du ggf. die Quadratmeterzahl oder die Anzahl der Zimmer reduzieren kannst. Ist es für dich möglich, an den Stadtrand zu ziehen? Oder bist du doch bereit, eine WG auszutesten? Bei der Wahl des Wohnortes solltest du auch die Dauer deiner Fahrtwege zur Arbeit oder Hochschule sowie die Kosten für eine mögliche Autoanschaffung oder den öffentlichen Nahverkehr einkalkulieren.

Beachte beim Umzug in eine andere Wohnung auch die Kündigungsfrist für deine aktuelle Wohnung, um ggf. doppelte Mietzahlungen zu vermeiden. Sprich deinen Vermieter an, ob du früher aus dem Mietvertrag rauskommst, solltest du kurzfristig in eine andere Wohnung umziehen können. Manche Vermieter sind dankbar dafür, wenn der aktuelle Mieter bereits die Suche nach Nachmietern übernimmt. Im Vergleich zu den Hauskäufern hast du keinen Zwangssparvertrag mit der Bank. Du solltest dir dein Vermögen anderweitig aufbauen, z. B. durch einen ETF-Sparplan.

13.3 | IMMOBILIEN ALS GELDANLAGE

BISHER GING ES UM DIE ENTSCHEIDUNG, wie du selber wohnen möchtest – in Eigentum oder zur Miete. Eine Eigentumswohnung oder ein eigenes Haus zählen jedoch immer zu den Verbindlichkeiten, sie ziehen dir eher Geld aus der Tasche, als dass sie dein Vermögen vermehren. Die Wertsteigerung von Immobilien läuft parallel zur Inflation und die vielen Renovierungskosten führen oft sogar zu einer negativen Rendite. Wie kannst du Immobilien also nutzen, um Vermögenswerte zu schaffen?

Gerade falls die Geldanlage im Aktienmarkt nichts für dich ist, können Immobilien eine gute Alternative zum Vermögensaufbau für dich sein. Eine Immobilie als Kapitalanlage zu kaufen wird als sichere Geldanlage vermarktet, da die Menschen immer irgendwo wohnen müssen. Außerdem wird bei vermieteten Immobilien die Bankrate für Tilgung und Zinsen über die Mietzahlungen des Mieters finanziert. Häufig wird dir von Banken eine 100-prozentige Finanzierung angeboten; das bedeutet, dass du nur die Kaufnebenkosten bar bezahlen musst. Das macht diese Form der Geldanlage so gewinnversprechend. In vielen Fällen mag das stimmen. Prüfe trotzdem, ob die durch Immobilien- und Finanzexperten versprochene Rendite für das gewünschte Objekt realistisch ist. Informiere dich so weit, dass du selbst in der Lage bist, das nachzurechnen. Überlege dir auch, ob du bereit bist, dich um Handwerker, Mieterauswahl, Buchhaltung, Betriebskostenabrechnung etc. selbst zu kümmern oder ob du entsprechende Dienstleister wie eine Hausverwaltung nutzen möchtest. Im letzteren Fall solltest du die Kosten dafür ebenfalls einberechnen, diese verringern deine Rendite.

Im Vergleich zum Investieren am Aktienmarkt benötigt das Investieren in Immobilien mehr Zeit, um dir das nötige Wissen anzueignen. Schließlich solltest du lernen zu erkennen, ob eine Immobilie in einer guten Lage liegt, wie du den Zustand der Bausubstanz einschätzen kannst und wie du den maximalen Kaufpreis berechnest. Außerdem solltest du dir ein Netzwerk aus Handwerkern aufbauen, auf das du zurückgreifen kannst. Das Risiko beim Investieren in Immobilien ist, zu teuer einzukaufen oder die Instandhaltungskosten zu unterschätzen, weil du beispielsweise Baumängel nicht erkannt hast. Falls du mehrere Immobilien in der gleichen Region besitzt, gehst du außerdem ein Klumpenrisiko ein. Das heißt, ein Großteil deines Geldes steckt in Immobilien in einer Region. Das ist riskant im Vergleich zum Aktienmarkt, wo du breit gestreut in vielen Ländern in verschiedene Branchen investierst. Ob die Immobilie tatsächlich im Wert steigt, lässt sich im Vorfeld nie genau voraussehen. Oft wird die Wertsteigerung von der Inflation ausgeglichen.

Auch bei vermieteten Immobilien solltest du wie am Aktienmarkt das Buy-and-Hold-Konzept berücksichtigen. Das bedeutet, dass du die vermietete Immobilie langfristig hältst. Die Mieterinnen zahlen durch die Miete die Bankraten ab, und sobald die Bankraten abgezahlt sind, fließt dir dieser Anteil der Miete als zusätzliches monatliches Einkommen zu. Beachte, dass es jederzeit das Risiko des Leerstandes gibt, also die Gefahr, keine geeigneten Mieter zu finden. Dieses Risiko gilt es einzukalkulieren und entsprechende Rücklagen aufzubauen. Wie im Aktienmarkt wäre auch bei Immobilien eine Diversifikation wünschenswert, d. h. mehrere Wohnungen in verschiedenen Städten zu besitzen. Das ist aufgrund der hohen Kosten nicht für jeden umsetzbar. Ebenfalls können die Instandhaltungskosten höher ausfallen, als du das ursprünglich eingeschätzt hast. Das kann deine Rendite schmälern. Im Anhang gibt es einen Buchtipp, der dich Schritt für Schritt durch den Prozess zur vermieteten Immobilie leitet.

DIE ALTERNATIVE ZU DIESEM KONZEPT IST, die Immobilie nach einigen Jahren möglichst gewinnbringend zu verkaufen. Da Immobilienverkäufe erst nach zehn Jahren steuerfrei sind (Spekulationsfrist), solltest du sie möglichst zehn Jahre oder länger halten, bevor du einen Weiterverkauf erwägst. Es sei denn, du bewohnst das Haus oder die Wohnung selbst, dann kannst du bereits nach drei Jahren steuerfrei verkaufen. Ob die Immobilienpreise in den nächsten Jahren weiterhin steigen werden, kann, genauso wie es beim Aktienmarkt der Fall ist, niemand voraussagen.

Erhöhe als Besitzerin einer Immobilie deinen Notgroschen bzw. deine Rücklagen entsprechend, denn es können unvorhergesehene Reparaturen notwendig werden.

Starte mit dem Investieren in Immobilien erst, sobald du dich tief in das Thema eingearbeitet hast, entsprechendes Eigenkapital angespart hast und den Immobilienmarkt in deiner Wunschregion gut einschätzen kannst.

DEINE NÄCHSTEN SCHRITTE

1. Nachdem du den Fragebogen zu Beginn des Kapitels ausgefüllt hast, triff für dich eine Entscheidung (für die nächsten 5 Jahre): mieten oder kaufen?

2. Solltest du dich für das Mieten entscheiden, dann überlege dir, wie du dein Geld langfristig investierst, um für deinen Ruhestand vorzusorgen.

3. Solltest du dich für das Kaufen entscheiden, dann prüfe, wo du aktuell stehst und auf welchen der folgenden Punkte du zunächst dein Augenmerk richtest:

   - Spare Eigenkapital an. Wie kannst du deine Sparraten erhöhen?
   - Werde dir darüber klar, welche Anforderungen und Wünsche du an das Haus oder die Wohnung hast.
   - Beobachte den Immobilienmarkt in deiner Wunschregion, um ein Gefühl für Angebotspreise zu bekommen.
   - Mache einen Termin bei deiner Bank, um eine vorläufige Finanzierungsbestätigung einzuholen und zu prüfen, welcher Kreditrahmen für deine Verhältnisse möglich ist.
   - Schaue dir regelmäßig Immobilienangebote an und bewerte, ob diese zu dir passen.
   - Nimm erste Besichtigungstermine wahr, auch wenn diese nur zum Üben sind (richtige Fragen stellen etc.).
   - Falls du bereits deine Wunschimmobilie gefunden hast, handle einen Darlehensvertrag mit der Bank aus. Hole dafür Vergleichsangebote ein.

ZUSAMMENFASSUNG

Die Entscheidung für ein Haus zur Eigennutzung ist eine emotionale und eher eine Entscheidung für einen Lebensstil als für eine Geldanlage. Mit dem Abbezahlen deines Immobilienkredits baust du dir langfristig einen Vermögenswert auf. Als langfristige Geldanlage kommen vermietete Immobilien in Frage.

14 | DIE EINKOMMENSINSEL

EINNAHMEN ERHÖHEN UND GEHALT VERHANDELN

***Die nächste Insel ist anders als die vorherigen,** es scheint so, als hätte gerade ein Hurrikan auf ihr gewütet. Viele Palmen sind umgeknickt. Die Insel wirkt recht kahl und es gibt nur sehr junge Pflanzen. Ob der Schatz auf dieser Insel wohl noch auffindbar ist? Weil dich der Anblick dieser kahlen Insel so erschüttert, beschließt du, die Samen, die du auf einer der letzten Inseln gesammelt hast, hier auszusäen. Du nimmst dir nun auch die Zeit, sie zu bewässern. Denn du möchtest dafür sorgen, dass die Pflanzen wachsen und auch hier bald wieder Wachstum und Leben stattfinden. Was du heute säst, kann in späteren Jahren als Früchte geerntet werden.*

Dann machst du dich auf zu der Stelle, die auf der Schatzkarte mit einem Kreuz gekennzeichnet ist. Baumstümpfe, die zu den eingezeichneten Bäumen gehören könnten, geben dir ungefähr Orientierung. Als du die Stelle erreichst, wo angeblich der gesuchte Schatz sein soll, ist da rein gar nichts, kein Baum, kein Strauch. Du befürchtest, dass du hier wohl keinen Schlüssel finden wirst. Trotzdem suchst du weiter und fängst an zu buddeln. Da ist er plötzlich, der achte Schlüssel. Zufrieden steckst du ihn in deinen Rucksack, nun gehst du zurück zum Floß und betrachtest auf dem Weg dahin die Stelle, wo deine Pflanzen wachsen werden.

AUCH IM UMGANG MIT GELD SOLLTEST DU Zeit investieren, damit es wächst und dir dann regelmäßige Erträge abwirft. In diesem Kapitel gebe ich dir Tipps, wie du dein Einkommen erhöhen kannst. Wenn du zeitgleich deine Ausgaben gering hältst, kannst du das zusätzliche Einkommen investieren. Setze die Möglichkeiten um, die zu deiner aktuellen Lebenssituation passen.

14.1 | STAATLICHE LEISTUNGEN NUTZEN

STEHEN DIR STAATLICHE ZAHLUNGEN ZU, die du noch nicht beantragt hast? Nachfolgend bekommst du einen Überblick über mögliche Leistungen. Die Auswahl konzentriert sich auf die gängigsten staatlichen Unterstützungen.

Wohngeld ist ein staatlicher Mietzuschuss für Menschen mit geringem Einkommen. Die Leistung richtet sich an Leute, die ein zu geringes Einkommen haben, um die eigenen Wohnkosten zu decken. Sie kann insbesondere für Schülerinnen, Auszubildende, Studierende oder Rentner in Frage kommen.

BAföG ist eine staatliche Förderung für Studierende, Auszubildende und Schüler, um die erste Ausbildung zu finanzieren. Beim Antrag musst du den Verdienst deiner Eltern angeben. Als Richtwert gilt: Wenn deine Eltern gemeinsam weniger als 60.000 Euro brutto im Jahr verdienen, ist eine Förderung wahrscheinlich. Schüler und Auszubildende müssen das erhaltene BAföG nicht zurückzahlen, Studierende nur zur Hälfte. Außerdem gibt es einen Nachlass, wenn du deine BAföG-Schulden auf einen Schlag zurückzahlst. Das ist meist fünf Jahre nach Studienende möglich.

Berufsausbildungsbeihilfe (BAB) ist eine Geldleistung für Auszubildende, die in einer eigenen Wohnung leben und trotz Ausbildungsvergütung ihren Unterhalt nicht selbst finanzieren können. Den Antrag stellst du bei der Agentur für Arbeit.

Arbeitslosengeld ist eine Geldleistung, mit der du die Zeit, die du für die Suche eines neuen Jobs benötigst, überbrücken kannst. Melde dich rechtzeitig bei der Agentur für Arbeit, wenn das Ende deines Arbeitsverhältnisses absehbar ist. Das sollte spätestens drei Monate vor Ablauf des Arbeitsverhältnisses sein. Es gilt auch, wenn du befristet angestellt bist, selbst wenn die Option auf Weiterbeschäftigung besteht. Nutze Angebote des Jobcenters, wie z. B. die Übernahme von Weiterbildungskosten oder einen Gründungszuschuss, falls du dich selbstständig machen möchtest.

Arbeitnehmersparzulage: Wenn dein Arbeitgeber für dich vermögenswirksame Leistungen anlegt, kannst du zusätzlich eine staatliche Prämie bekommen. Vermögenswirksame Leistungen sind eine freiwillige Zahlung deines Arbeitgebers, die bis zu 40 Euro monatlich betragen kann. Im Normalfall bleibt das Geld mindestens für sieben Jahre in dem Vertrag, erst dann kannst du darauf zugreifen. Wenn dein Arbeitgeber diese vermögenswirksamen Leistungen auf einen von dir gewählten Bausparvertrag überweist und du unter 17.900 Euro brutto im Jahr (Stand 2021) verdienst, dann kannst du bis zu 43 Euro staatliche Förderung pro Jahr bekommen. Sollte dein Arbeitgeber das Geld in einen von dir gewählten Aktienfonds überweisen, kannst du bis zu 20.000 Euro brutto im Jahr (Stand 2021) verdienen und bekommst bis zu 80 Euro Prämie jährlich. Dazu musst du bei beiden Varianten bei der Einkommenssteuererklärung die Anlage VL ausfüllen.

Wohnungsbauprämie: Wenn du in einen Bausparvertrag einzahlst und weniger als 35.000 Euro brutto im Jahr verdienst (Stand 2021), kannst du bis zu 70 Euro Prämie pro Jahr erhalten. Das Antragsformular bekommst du von deiner Bausparkasse. Falls du den Bausparvertrag später auflöst, musst du die Wohnungsbauprämie zurückzahlen, falls du das Geld nicht nachweislich für wohnwirtschaftliche Zwecke (sprich Hauskauf oder Sanierung) nutzt.

Mutterschaftsgeld: Schwangere Frauen, die in einem Angestelltenverhältnis sind, bekommen sechs Wochen vor dem errechneten Geburtstermin bis acht Wochen nach dem Geburtstermin Mutterschaftsgeld von der Krankenkasse gezahlt. Der Arbeitgeber stockt dieses bis zum regulären Nettogehalt auf.

Elterngeld: In den ersten Lebensjahren des Kindes können Eltern bei der zuständigen Familienkasse Elterngeld beantragen. Dieses beträgt etwa 65 Prozent deines vorherigen Nettolohnes. Bis zu 14 Monate Elterngeldzahlungen können sich beide Eltern aufteilen. Mit dem Elterngeld Plus kannst du den Auszahlungszeitraum verdoppeln, dafür bekommst du jeweils die Hälfte der monatlichen Elterngeldbeträge ausgezahlt. Das lohnt sich vor allem, wenn du während der Elternzeit wieder in Teilzeit arbeitest.

Kindergeld: Unabhängig von ihrem Einkommen können Eltern für jedes Kind eine monatliche Kindergeldzahlung vom Staat beantragen. Im Jahr 2021 beträgt diese 219 Euro pro Kind. Sie wird dir monatlich bis zum 18. Geburtstag des Kindes ausgezahlt. Sofern dein Kind danach noch in Schule, Ausbildung oder Studium ist, läuft die Kindergeldzahlung maximal bis zum 25. Geburtstag weiter.

Kredite mit günstigen Zinskonditionen der staatlichen Förderbank KfW (Kreditanstalt für Wiederaufbau). Hier kannst du z. B. Studienkredite mit günstigen Konditionen oder auch Kredite und Zuschüsse für energieeffiziente Bauvorhaben beantragen.

FALLS DU DICH BEI EINER DER GENANNTEN staatlichen Zahlungen angesprochen gefühlt hast, prüfe im Internet, ob du in deinem individuellem Fall Anspruch auf die entsprechende Leistung hast. Oft ist Schnelligkeit gefragt, da einige Leistungen nicht rückwirkend beantragt werden können. Und lass dich nicht durch lange Anträge abschrecken. Das Investment in deine Zeit rentiert sich hier schnell, wenn du dafür (finanz-)sorgenfrei deine Ausbildung absolvieren kannst.

14.2 | FÜR ANGESTELLTE

SEIT WIE VIELEN JAHREN BEKOMMST DU das gleiche Gehalt in deinem Job? Hast du bereits nach einer Gehaltserhöhung gefragt? Die traurige Wahrheit ist, dass deine Chefin nicht auf dich zukommen und dir sagen wird: »Sie machen einen tollen Job, ab heute bekommen Sie eine monatliche Gehaltserhöhung.« Leider gilt im Arbeitsleben der Grundsatz: Wer nicht nach mehr Geld fragt, bekommt auch keins.

Werde dir im ersten Schritt bewusst, inwieweit sich deine Arbeitsleistung über die letzten Jahre verbessert hat. Arbeitest du noch auf die gleiche Weise wie beim Einstieg in deinen Job? Oder bist du seit deinem Start in den Job besser geworden? Schaffst du mehr Aufgaben in weniger Zeit, hast mehr Verantwortung übernommen und dich aktiv eingebracht, wenn es um Prozessverbesserungen geht? Wenn das der Fall ist, dann sammle erst einmal für dich die Argumente, die dafür sprechen, dass du mehr Gehalt bekommen sollst. Denke außerdem an die Inflation, durch die die Produkte des täglichen Lebens teurer werden. Die Preissteigerung sollte sich auch im Arbeitslohn widerspiegeln. Dieses Argument allein überzeugt deinen Arbeitgeber meist nicht, aber es sollte eine Motivation für dich sein, dich durchzuringen, dein Gehalt neu zu verhandeln. Und was ist das Schlimmste, das passieren kann? Vielleicht bekommst du ein Nein als Antwort. Trotzdem hast du ein Zeichen gesetzt, dass du bereit bist, für mehr Anerkennung deiner Arbeit einzustehen. Außerdem hast du dein eigenes Verhandlungsgeschick trainiert – sieh es als Übung an.

BEREITE DICH GUT AUF deine Gehaltsverhandlung vor. Schreibe dir eine Erfolgsliste – was hast du bisher alles in deinem Job erreicht? Recherchiere den Marktwert für deine Stelle – was würdest du bei einem anderen Unternehmen verdienen? Dann überlege dir, welches Gehalt du forderst. Kalkuliere ein, dass dein Arbeitgeber versuchen wird, dich runterzuhandeln. Deswegen sollte die Zahl, die du bei der Gehaltsverhandlung nennst, über deinem Wunschgehalt liegen. Überlege dir im Vorfeld, wie dein Chef auf deine Anfrage reagieren könnte, und lege dir mögliche Antworten zurecht. Selbst wenn du eine Absage erhältst, bleib hartnäckig und vereinbare einen Folgetermin für das nächste Gespräch über dein Gehalt. Sei nicht enttäuscht, wenn du in deiner ersten Verhandlung nicht den gewünschten Erfolg hast, sei stattdessen stolz auf dich, dass du den Mut hattest, für deinen Wert einzustehen.

Überlege dir für das Gespräch einen Plan B, denn es gibt mehr Verhandlungsoptionen als dein Gehalt. Solltest du ein Nein zu einem höheren Gehalt bekommen, kannst du alternativ nach einem zusätzlichen Urlaubstag pro Jahr, nach Reduzierung der Wochenarbeitsstunden bei gleichem Gehalt, nach einer Weiterbildung, nach vermögenswirksamen Leistungen oder einer Einzahlung in die betriebliche Altersvorsorge fragen. Auch Arbeitgeberzuschüsse sind attraktiv für deine Firma, da diese steuerfrei sind. So kannst du einen monatlichen Tankgutschein, einen Fahrtkostenzuschuss oder einen Zuschuss zur Kinderbetreuung verlangen. Selbst im Tarifvertrag oder in einem Beamtenverhältnis gibt es Verhandlungsspielraum, so lassen sich hier etwa zusätzliche Gehaltsbestandteile, z. B. eine übertarifliche Zulage, vereinbaren.

Wenn du einen großen Gehaltssprung machen möchtest, überlege dir, ob ein Positions- oder Arbeitgeberwechsel für dich in Frage kommt. Für mehr Verantwortung gibt es in der Regel auch mehr Geld, und bei einem Jobwechsel hast du von vornherein immer die Möglichkeit der Gehaltsverhandlung. Informiere dich im Vorfeld, welche Gehaltsspannen üblich sind, und bereite dich gut auf die Verhandlung vor. Solltest du dich in einem anderen Unternehmen bewerben, ist es üblich, 5 bis 10 Prozent mehr Gehalt als bei deiner letzten Stelle zu verlangen.

14.3 | FÜR SELBSTSTÄNDIGE

GERADE ALS SELBSTSTÄNDIGE ODER UNTERNEHMERIN bist du oft in der Situation, Preise für deine Produkte oder Dienstleistungen festzulegen und mit anderen zu verhandeln, z. B. mit deinen Dienstleistern. Um dein Einkommen zu erhöhen, solltest du deine aktuellen Stundensätze mit den marktüblichen Preisen vergleichen und gegebenenfalls anheben. Auch du hast dich seit dem Start deiner Selbstständigkeit weiterentwickelt, du bist besser geworden, hast Weiterbildungen gemacht und mehr Praxiserfahrungen gesammelt. Damit kannst du deinen Kunden einen größeren Mehrwert liefern, höhere Stundensätze sind angemessen.

Überprüfe dein Angebot kritisch: Kannst du Dienstleistungen für ein höheres Preissegment anbieten? Kannst du eine andere Zielgruppe ansprechen, die bereit ist, mehr für deine Dienstleistungen zu bezahlen? Kannst du dich auf Produkte konzentrieren, die mehr Geld einbringen, und andere dafür aus deinem Angebot streichen? Überarbeite deine Produktpalette: Kannst du Produkte anbieten, bei denen du nicht mehr selbst eins zu eins mit jedem Kunden arbeitest? Kannst du ein zusätzliches Online-Angebot schaffen?

Biete keine Freundschaftspreise an. Das ist zwar lieb gemeint, jedoch musst du deinen Lebensunterhalt durch deine Selbstständigkeit oder dein Unternehmertum finanzieren und deine investierte Zeit hat ihren Wert. Sieh es als Wertschätzung deiner Arbeit an, dass auch Freunde und Bekannte für die Nutzung deiner Produkte und Dienstleistungen zahlen.

14.4 | WEITERE EINKOMMENSQUELLEN

UM DIR WEITERE EINKOMMENSQUELLEN zu erschließen, überlege dir, was dir Spaß macht, wo deine Kompetenzen liegen und womit du gern deine Zeit verbringst. Bei welchen Themen bitten dich andere Menschen um Rat? Welche Tätigkeiten bereiten dir Freude? Sammle ganz unvoreingenommen Ideen, wie du regelmäßige Einkommensströme generieren kannst.

Nachfolgend liste ich dir einige Möglichkeiten auf, um aktive Einkommensströme aufzubauen, wo du deine Zeit gegen Geld eintauschen kannst:

Nimm einen **Nebenjob** an. Ein 450-Euro-Job ist steuerfrei und bietet dir ein attraktives Zusatzeinkommen. Suche dir etwas in einer Branche, die dir Spaß macht: Wenn du regelmäßig im Fitnessstudio bist, könntest du an der Rezeption arbeiten, häufig bekommst du eine Gratismitgliedschaft dazu; wenn du gern unter Leuten bist, könntest du kellnern oder als Messehostess arbeiten; wenn du gern Auto fährst, könntest du bei einem Lieferdienst anfangen; wenn du ortsunabhängig arbeiten möchtest, kommt ein Job im Online-Kundendienst in Frage.

Du kannst regelmäßig **Blut und Plasma spenden,** dafür gibt es in vielen Städten Geld als Aufwandsentschädigung. Du kannst deine **Wohnung entrümpeln** und ungenutzte Dinge verkaufen. Vielleicht magst du auch für andere, etwa für Freunde oder Familienmitglieder, Dinge verkaufen, und ihr teilt euch den Gewinn.

Du kannst an **Studien oder Marktforschungen** teilnehmen. Im Internet gibt es diverse Anbieter, bei denen du pro Umfrage wenige Cent bis ein paar Euro bekommst. Für die Teilnahme an medizinischen Studien gibt es mehrere hundert Euro.

Wenn du Tiere oder kleine Kinder magst, kannst du dich als **Babysitter oder Haustiersitterin** anbieten. Häufig reicht ein Inserat an der Suche-Biete-Tafel im örtlichen Supermarkt. Auch **Nachhilfe für Schüler** ist eine Option.

Verkaufe **Bastel- oder Näharbeiten online**. Es gibt Plattformen, auf denen hauptsächlich Handarbeiten verkauft werden.

WENN DU DEIN GELD AUTOMATISIERT verdienen und dir passive Einkommensquellen aufbauen möchtest, dann lass dich von den folgenden Ideen inspirieren. Passives Einkommen ist dabei kein Geld, das automatisch zu dir fließt, ohne etwas dafür tun zu müssen. Vielmehr benötigt eine passive Einkommensquelle Anfangsinvestitionen in Form von Zeit und/oder Geld, damit später unabhängig von deinem Zeiteinsatz Zahlungen auf dein Konto fließen.

Generiere Mieteinnahmen. Kannst du ein Zimmer untervermieten? Oder deine Wohnung vermieten, während du im Urlaub bist? Oder im größeren Stil: Willst du eine Immobilie kaufen, um diese zu vermieten?

Lade Fotos auf Stockplattformen und verdiene daran, dass Menschen deine Bilder kaufen. Nicht immer musst du Profifotografin sein, vielleicht hast du ein paar besonders gut gelungene Aufnahmen geschossen?

Veröffentliche Bücher. Das geht heutzutage ohne Verlag über den sogenannten Selbstverlag bzw. das Selfpublishing. Zu Beginn investierst du viel Zeit für das Schreiben, Veröffentlichen und Vermarkten. Wenn du erfolgreich bist, fließt später automatisch Geld.

Beim sogenannten **Affiliate Marketing** bekommst du Geld, wenn Menschen über den von dir zur Verfügung gestellten Link Produkte oder Dienstleistungen kaufen. Das lohnt sich z. B., wenn du einen Blog betreibst und dort anderen Produkte empfiehlst.

Bau dir ein **Online-Business** auf. So könntest du als Expertin Online-Kurse konzipieren und verkaufen.

Nutze die Möglichkeit des **Print-on-demand** als Einkommensquelle, das heißt, dein Produkt wird erst gedruckt, wenn es bestellt wurde. Gerade bei Büchern, T-Shirts oder Geschenken musst du das Produkt nur einmal designen. Erst wenn die Kunden es bestellen, wird das Produkt gedruckt und verschickt.

Durch clevere Investitionen am Aktienmarkt bekommst du **Dividenden ausgezahlt** (z. B. mit ausschüttenden ETFs) – hier kannst du dein Geld für dich arbeiten lassen.

DEINE NÄCHSTEN SCHRITTE

1. Nimm dir einen leeren Zettel und einen Stift, stelle dir einen Wecker auf 10 Minuten und schreibe so viele Ideen wie möglich auf, um deine monatlichen Einkünfte zu erhöhen. Schreibe alles auf, was dir durch den Kopf geht, ohne Ideen abzuwerten.

2. Nimm dir danach einen farbigen Stift und unterstreiche alle Ideen, die dir Freude machen.

3. Erst im dritten Schritt machst du einen Kreis um die Ideen, die realistisch für dich sind. Schaue dir dazu alle Ideen an, nicht nur die unterstrichenen aus der vorherigen Aufgabe.

4. Wähle eine Idee aus, die du gleich am nächsten Tag umsetzen wirst.

____

ZUSAMMENFASSUNG

Dein Einkommen braucht nicht ausschließlich dein Lohn oder das Gehalt deines Arbeitsverhältnisses zu sein. Suche aktiv nach weiteren Einkommensquellen.

15 | DIE FAMILIENINSEL

GELD IN PARTNERSCHAFTEN

Aufgeregt näherst du dich der nächsten Insel. *Laut Schatzkarte ist dies nun die letzte Insel, die du besuchen musst, bevor du wieder Festland erreichst. Die Insel ist recht weitläufig. Das Land wirkt recht trocken und du siehst viel Gebüsch und Sträucher. Du sicherst dein Floß am Strand und machst dich auf zum Felsen, an die Stelle, wo das Kreuz eingezeichnet ist. Gleich zu Beginn deiner Wanderung hörst du Gezwitscher exotischer Vögel. Du beobachtest viele Vogelpaare, die verliebt miteinander turteln. Vermutlich ist gerade Paarungszeit. Plötzlich nimmst du ein Rascheln wahr. Du drehst dich um und bist erstaunt, keine zehn Meter entfernt spaziert eine Elefantenkuh mit ihrem Kalb durch das Gestrüpp. Sie schreiten ganz anmutig an dir vorbei. Erst als sie sich etwas von dir entfernt haben, traust du dich wieder zu atmen, und du folgst nun den beiden mit gebührendem Abstand.*

Die Elefanten treffen auf ihre Herde. Du setzt dich auf einen Hügel und beobachtest die Elefanten noch eine ganze Weile. Du bist voller Bewunderung für die sanfte und liebevolle Art, wie die Elefanten miteinander umgehen; die Elefantenkälber werden von mehreren Erwachsenen behütet und auch ein kranker Elefant wird von den anderen umsorgt. Als du dich auf den Weg machst, um einen weiteren Schlüssel am eingezeichneten Felsen zu suchen, kriecht eine kleine Schildkröte über den sandigen Erdboden. Als du endlich am Felsen ankommst, musst du noch lange nach dem Schlüssel suchen. Du tastest sämtliche Felsspalten ab und fragst dich dabei, wo du den Schlüssel verstecken würdest.

In einer schmalen Spalte unter einem Vogelnest wirst du schließlich fündig. Du freust dich über den Schlüssel und malst dir bereits in deinem Kopf aus, was für ein Schatz dich wohl erwarten wird. Doch zunächst heißt es, den langen Weg zurück zum Floß zu gehen. Dort ruhst du dich vor deiner letzten Überfahrt etwas aus und richtest dir ein gemütliches Nachtlager ein.

15.1 | GELD UND PARTNERSCHAFT

BIS HIERHER HAST DU GROSSE FORTSCHRITTE gemacht, um deine persönlichen Finanzen geregelt zu bekommen. Mittlerweile hast du auch sicherlich einen guten Überblick über deinen Finanzdschungel. Du hast dich intensiv mit dem Thema beschäftigt, hast fleißig deine Unterlagen sortiert, Sparpotenziale identifiziert und dich mit deinen Versicherungen beschäftigt. Was aber tun, wenn dein Partner, deine Partnerin sich so gar nicht für das Finanzthema interessiert oder dazu eine ganz andere Meinung hat als du? Zunächst einmal gar nichts. Du wirst nicht weit kommen, wenn du versuchst, dein Umfeld zu missionieren, und voller Begeisterung deinem Liebsten deine neu gelernten Ansätze vermitteln willst. Es gibt Menschen, die in ihrer momentanen Verfassung einfach nicht bereit sind, sich mit ihren Finanzen zu beschäftigen und sich nicht von dir überzeugen lassen werden. Lass dich dadurch nicht entmutigen. Achte auf deine Sprache. Statt zu sagen: Du solltest unbedingt in ETFs investieren!, erzähl doch lieber, warum du dich für diese Geldanlage entschieden hast und was du auf dem Weg gelernt hast. Wenn jemand deinen Rat sucht, dann wird er auf dich zukommen.

Falls ihr gerade als Paar zusammengezogen seid, fragt ihr euch sicher, wie ihr das mit dem Geld regeln wollt. Reicht ein gemeinsames Konto? Es gibt verschiedene Modelle, die ich euch vorstellen möchte. Diskutiert die Möglichkeiten und entscheidet gemeinsam, welche Variante zu euch passt:

Gemeinschaftskonto

SÄMTLICHE EINKÜNFTE, DIE IHR BEIDEN HABT, fließen auf ein Konto, von dem ihr alle Ausgaben zahlt. Dieses Modell kann zu Konflikten führen, wenn z. B. ein Partner gerne Geld ausgibt und der andere eher sparsam ist. Noch dazu schafft ein Gemeinschaftskonto Abhängigkeit. Falls ihr euch irgendwann auseinanderleben und trennen solltet, ist kein eigener Notgroschen für einen Neuanfang vorhanden. Außerdem kann das Gemeinschaftskonto zu Diskussionen führen, wenn sich die Partner dafür rechtfertigen müssen, wofür sie Geld ausgeben. Noch dazu können gegenseitige Geschenke und Überraschungen nicht unbemerkt gekauft werden.

Zwei-Konten-Modell

DIESES MODELL IST MIT DER SITUATION VERGLEICHBAR, als ihr beide alleinstehend wart. Jeder hat ein eigenes Konto. Miete und Lebensmittel teilt ihr euch auf. Das geht am einfachsten, in dem ihr alle gemeinsamen Kosten in einem Haushaltsbuch oder einer entsprechenden App erfasst, am Monatsende macht ihr einen Kassensturz und dann teilt ihr die Kosten. Für die Fixkosten wie Miete etc. kann eine Person einen Dauerauftrag an die andere einrichten. Hier kann es eine Diskussion wert sein, ob ihr alle Kosten durch zwei teilt oder ob ihr einen anderen Anteil vereinbart. Ihr könntet z. B. die Fixkosten anteilig nach dem Einkommen aufteilen. Wenn die Partnerin z. B. doppelt so viel verdient wie ihr Freund, könnte sie zwei Drittel der Miete übernehmen und der Partner ein Drittel. Es gibt Paare, bei denen einer die Fixkosten übernimmt und der andere die variablen Kosten. Schaut, was für euch passt. Das Zwei-Konten-Modell kann sehr fair gestaltet werden und jeder ist weiterhin unabhängig und kann über eigenes Geld verfügen, einen eigenen Notgroschen ansparen und Geld im eigenen Namen investieren. Ihr benötigt einzig die Disziplin, regelmäßig ein Haushaltsbuch zu führen und die monatlichen Kosten auszurechnen.

Drei-Konten-Modell

HIER WERDEN BEIDE VORHERIGEN MODELLE vereint. Jeder behält sein eigenes Konto und ihr eröffnet ein Gemeinschaftskonto. Das Gemeinschaftskonto ist für die gemeinsamen Ausgaben wie Fixkosten und Lebensmittel und vielleicht den gemeinsamen Urlaub gedacht. Für die Umsetzung gibt es zwei Varianten:

Variante A: Jeder bekommt sein Gehalt auf sein eigenes Konto und überweist monatlich den vereinbarten Teil auf das Gemeinschaftskonto. Führt vorab über drei Monate ein gemeinsames Haushaltsbuch, um herauszufinden, welche Kosten auf euch zukommen. Diese teilt ihr entweder durch zwei oder jeder zahlt anteilig zu seinem Gehalt ein.

Variante B: Alle Gehälter und sonstigen Einkommen von euch beiden landen auf dem Gemeinschaftskonto. Ihr zahlt alle monatlichen Kosten von diesem Konto. Das Geld, welches am Ende des Monats noch übrig ist, teilt ihr durch zwei und überweist es auf eure einzelnen Konten.

Bei beiden Varianten habt ihr jeweils eigene Konten. Dort kann jede Person selbst entscheiden, was sie sich von diesem Geld kauft und wie sie es investieren will. So bleibt die Unabhängigkeit erhalten.

Unabhängig davon, für welches Kontomodell ihr euch entscheidet, könnt ihr zusätzliche gemeinsame Spartöpfe aufsetzen (entweder als Sparschwein oder als Konto). Dort spart ihr für gemeinsame Rücklagen (Hausreparaturen), gemeinsame Sparziele (der nächste Urlaub, das nächste Auto) oder gemeinsame Investitionen (Immobilie).

JEDE ENTSCHEIDUNG, DIE IHR EINMAL getroffen habt, dürft ihr jederzeit hinterfragen. Immer wenn sich eure Lebenssituation ändert, fragt ihr euch gemeinsam, ob euer Kontenmodell noch fair für beide Seiten ist. Wenn beispielsweise ein Partner wegen der Kindererziehung weniger Einkommen hat, kann es sinnvoll sein, dass der andere Partner die Fixkosten vollständig übernimmt oder einen monatlichen Ausgleich in die Altersvorsorge des erziehenden Partners einzahlt.

Als Paar spart ihr zum einen, wenn ihr euch eine Wohnung teilt. So zahlt ihr nur einmal für Internet, Strom und Rundfunkgebühr. Wusstest du, dass ihr auch Versicherungen zusammenlegen könnt, selbst wenn ihr nicht verheiratet seid? Dazu müsst ihr gemeinsam in einem Haushalt leben und dort gemeldet sein. So braucht ihr nur noch eine Hausratversicherung, eine Rechtsschutzversicherung, und auch die Haftpflichtversicherung wird im Partnertarif viel günstiger.

15.2 | GELD UND EHE

VERLIEBT, VERLOBT, VERHEIRATET. Für einige ändert sich mit der Hochzeit eine Menge, für andere fast nichts. Offiziell ändert sich nach der Hochzeit gar nicht viel im Vergleich zu der Zeit, wo ihr als Paar einfach zusammengelebt habt. Laut Gesetz wirtschaftet jeder Ehepartner weiterhin getrennt. Dinge, die ihr kauft, gehören nicht euch beiden, sondern nur der Person auf der Rechnung. Deswegen solltet ihr beim Kauf eines Hauses darauf achten, dass ihr beide im Grundbuch steht.

Als Eheleute seid ihr in der Pflicht, euch gegenseitig Unterhalt zu zahlen, z. B. wenn ein Partner Geld verdient, während der andere Hartz IV beziehen würde, oder wenn ein Partner in Elternzeit ist und mit der Kinderbetreuung und Haushaltsführung zum Familienleben beiträgt. Im Gegenzug könnt ihr durch das Ehegattensplitting Steuern sparen.

Mit Beginn der Ehe habt ihr verschiedene Wahlmöglichkeiten bei den Steuerklassenkombinationen. Als Ledige seid ihr in Steuerklasse I, als Verheiratete könnt ihr zwischen den Steuerklassenkombinationen III/V, IV/IV oder IV/IV mit Faktor wählen. Fakt ist, dass die tatsächliche Steuerlast bei allen Kombinationen die gleiche ist. Sie ist lediglich anders verteilt. Es mag sein, dass ihr bei III/V monatlich mehr Geld netto zur Verfügung habt, wohingegen ihr bei IV/IV im Folgejahr bei der Steuererklärung eine höhere Erstattung bekommt. Obwohl die Kombination von III/V sehr beliebt ist, muss die Person, die weniger verdient, verhältnismäßig mehr Steuern zahlen und bekommt somit netto weniger auf das Konto ausgezahlt. Da kommt schnell das Gefühl auf: »Für das bisschen Geld lohnt es sich nicht zu arbeiten.« So schleicht sich über Jahre die Gewohnheit ein, dass ein Partner in Teilzeit arbeitet, während die andere Person das Gefühl hat, sie müsse Karriere machen und noch mehr Geld verdienen, um die Familie zu ernähren. Auf diese Weise entwickeln sich beide Einkommen stark auseinander und die Tendenz, dass der Partner in Teilzeit eher die unbezahlte Care-Arbeit übernimmt, steigt. Die Person, die in Teilzeit arbeitet, erwirtschaftet allerdings auch geringere Rentenansprüche. Die Steuerklassen könnt ihr mehrfach jährlich wechseln. Sollte eine Zeit mit Lohnersatzleistungen für einen Partner absehbar sein (z. B. Elterngeld oder Kurzarbeitergeld), dann solltet ihr frühzeitig Steuerklassen wechseln, da diese Leistungen anhand des Nettogehalts errechnet werden.

Falls ihr eure Versicherungen bisher noch nicht zusammengelegt habt, ist der Start der Ehe ein guter Zeitpunkt. Bei einigen Versicherungen wie der Berufsunfähigkeitsversicherung kann durch eine Hochzeit eine Nachversicherungsgarantie in Anspruch genommen werden; das bedeutet, ihr habt die Gelegenheit, die monatlich zustehende Rente zu erhöhen, meist ohne gesonderte Gesundheitsprüfung. Das geht zwar Hand in Hand mit höheren Beiträgen, kann aber sinnvoll sein, falls sich durch die neue Lebenssituation euer monatlich benötigtes Einkommen erhöht hat. Hierbei solltet ihr euch nicht zu viel Zeit lassen, bei einigen Versicherungen muss eine Hochzeit oder die Geburt eines Kindes innerhalb von drei Monaten gemeldet werden.

So unromantisch, wie es klingt, ist er gar nicht, der Ehevertrag. Denn jedes Paar, das heiratet, geht einen Ehevertrag ein, nämlich den nach dem Bürgerlichen Gesetzbuch. Und da das Gesetz früher von einer Ehe mit einem Verdiener und einer Hausfrau ausging, bevorteilt es auch eine solche Lebenskonstellation. Mit einem Ehevertrag regelt ihr in guten Zeiten die Vermögensaufteilung bei einer möglichen Scheidung, wohl wissend, dass ihr beide nicht von einer Scheidung ausgeht und der Ehevertrag im besten Fall nie zur Anwendung kommt. Wenn ihr beide trotz Familienplanung angestellt bleiben wollt, einer von euch voraussichtlich erbt, ihr eine sehr unterschiedliche Strategie für die Altersvorsorge habt oder einer von euch selbstständig ist, kann ein Ehevertrag für euch sinnvoll sein. Lasst euch am besten (getrennt voneinander) von einer Anwältin für Familienrecht beraten. Den Vertrag selbst lasst ihr von einem Notar beglaubigen. Ein Ehevertrag muss nicht zwingend vor oder kurz nach der Hochzeit abgeschlossen werden, ihr könnt ihn jederzeit während der Ehe aufsetzen und auch einen bestehenden Vertrag abändern, sofern beide einverstanden sind.

Und wenn es doch zur Scheidung kommt? Bei einer Ehe ohne Ehevertrag gilt die sogenannte Zugewinngemeinschaft. Es wird geschaut, wie viel Vermögen jeder Ehegatte bei der Einreichung der Scheidung hat, abzüglich des Vermögens am Hochzeitstag. Der Vermögenszuwachs wird gleichmäßig aufgeteilt, sodass der Partner mit dem höheren Vermögen den anderen Partner auszahlen muss. Ein Erbe selbst zählt nicht als Zugewinn, sondern nur der Wert, den es (z. B. eine Immobilie) während der Ehe zugenommen hat. Dieser Wertzuwachs muss bei einer Scheidung mit dem Ehepartner geteilt werden. Auch die bisher erworbenen Rentenpunkte bei der Rentenversicherung werden zusammengerechnet und aufgeteilt.

Für die jeweiligen Girokonten und Depots, die nur auf einen von euch laufen, solltet ihr euch gegenseitig eine Kontovollmacht bei der Bank erteilen. Das kann im Notfall hilfreich sein, falls ein Partner aufgrund einer Krankheit nicht in der Lage ist, sich selbst um seine Zahlungsaufträge zu kümmern, oder falls ein Partner stirbt.

SORGT BESSER FRÜH VOR. Rein rechtlich würdet ihr im Krankenhaus nicht einmal Auskünfte zum verunfallten Ehepartner bekommen, nur weil ihr verheiratet seid. Offiziell müsstet ihr eine Vorsorgevollmacht vorzeigen. Solange ihr gesund seid, regelt ihr mit einer Vorsorgevollmacht, wer in eurem Namen Entscheidungen treffen soll, falls ihr bei einer Krankheit eure Wünsche nicht mehr selbst äußern könnt. Eine Vorsorgevollmacht kann Wünsche u. a. für die Bereiche Gesundheit und Pflege, Vermögen, Behörden und Vertretung vor Gericht enthalten. Um eine Vorsorgevollmacht zu erstellen, kannst du dich an Mustern aus dem Internet orientieren oder dich von einer Rechtsanwältin beraten lassen. Falls du eine Rechtsschutzversicherung hast, prüfe, ob die Erstellung einer Vorsorgevollmacht inklusive ist.

Ähnliches wie für die Vorsorgevollmacht gilt für die Patientenverfügung. Auch hier kannst du in gesunden Tagen festlegen, wer für dich medizinische Entscheidungen treffen darf, falls du nicht mehr selbst dazu in der Lage bist. Am besten erstellst du die Patientenverfügung und die Vorsorgevollmacht zusammen. Übrigens sind Vorsorgevollmacht und Patientenverfügung kein Thema ausschließlich für Verheiratete, jede Person ab 18 Jahren sollte diese Form der Vorsorge für sich treffen.

Zu guter Letzt solltet ihr als Ehepaar prüfen, ob ihr mit der gesetzlichen Erbreihenfolge einverstanden seid oder ob ihr ein eigenes Testament aufsetzen wollt. Zwei Beispiele für die gesetzliche Erbreihenfolge: Wenn ein Partner eines verheirateten Paares ohne Kinder stirbt, dann bekommt der Ehepartner laut Gesetz drei Viertel des Erbes und die Eltern des Verstorbenen ein Viertel. Bei einem Paar mit Kindern bekommt der Ehepartner die Hälfte des Erbes, während die Kinder sich die andere Hälfte teilen. Wenn ihr z. B. wollt, dass die Ehepartnerin zur Alleinerbin wird oder bestimmte Gegenstände an bestimmte Personen vererben wollt, dann müsst ihr ein Testament aufsetzen. Ein Testament muss handschriftlich festgehalten werden, neben Ort und Datum muss die Unterschrift mit vollen Vor- und Nachnamen erfolgen. Du kannst dein Testament beim Notar beglaubigen lassen, das ist aber keine Pflicht.

15.3 | GELD UND KINDER

WENN KINDER KOMMEN UND EINE PARTNERSCHAFT bereichern, gibt es wieder einen Anlass, über Geld nachzudenken, auch wenn dann in eurem Leben vielleicht gerade ganz andere Themen wichtig erscheinen.

Schon mit der Schwangerschaft – idealerweise, sobald ihr beschließt, Eltern werden zu wollen – solltet ihr euch bereits Gedanken machen, wie ihr die Kindererziehungsarbeit fair aufteilen wollt. Häufig hängen diese Entscheidungen mit dem verfügbaren Einkommen und den regelmäßigen Ausgaben zusammen. Fragt euch: Wer geht wie lange in Elternzeit? Wer kann euch in der Kinderbetreuung unterstützen? Seid ihr beide bereit, in Teilzeit zu arbeiten, oder nur einer von euch? Hinterfrage den Satz: Mein Partner verdient mehr, deswegen lohnt es sich für ihn nicht, Elternzeit zu nehmen/Teilzeit zu arbeiten. Letztendlich bekommt gerade der besser verdienende Partner ein verhältnismäßig höheres Elterngeld bzw. Teilzeitgehalt und der Person mit dem geringeren Einkommen wird es ermöglicht, weiterhin finanziell auf eigenen Beinen zu stehen. Es lohnt sich, verschiedene Modelle durchzurechnen. Dank eures Haushaltsbuches habt ihr inzwischen einen genauen Blick auf eure Ausgaben und mögliche Sparpotenziale.

Es gibt Paare, die beginnen schon mit dem Kinderwunsch, ihren Notgroschen aufzustocken. So können beide Partner ihre Elternzeit ohne Geldsorgen genießen, falls die Elterngeldzahlungen nicht ausreichen, um den Lebensstandard zu erhalten. Außerdem gibt es noch das Kindergeld als staatliche Leistung für Eltern. Sobald das Baby auf der Welt ist, solltest du dich um die Beantragung des Kindergeldes kümmern. Denn Kindergeld gibt es maximal sechs Monate rückwirkend.

Für dein Kind gibt es erste Geldgeschenke zur Geburt und später zu den Geburtstagen. Als Eltern solltet ihr gemeinsam eine Entscheidung treffen, was ihr mit dem Geld machen wollt. Wollt ihr das Geld ansparen, bis das Kind alt genug ist, eigene Wünsche zu äußern, oder wollt ihr es ausgeben für Dinge, die ihr für das Baby benötigt? Solltet ihr euch für das Sparen entscheiden, ist die nächste Frage: wie? Entweder füttert ihr ein klassisches Sparschwein, oder vielleicht wollt ihr ein Sparkonto auf den Namen eures Kindes eröffnen oder ein Juniordepot. Hier solltet ihr als Eltern eure Risikobereitschaft abwägen. Wenn ihr sehr sicherheitsorientiert seid, kann Festgeld oder ein Sparkonto in Frage kommen. Wollt ihr mehr Rendite bekommen und seid ihr etwas risikoorientierter, kommt ein breitgestreuter Aktienfonds in Frage. Schließlich habt ihr mehr als 15 Jahre Zeit, den Zinseszins für eure Kinder zu nutzen.

Falls ihr euch dazu entscheidet, Geld für euer Kind in den Aktienmarkt zu investieren (z. B. über einen ETF-Sparplan), kommt früher oder später die Frage auf, wie ihr das praktisch angeht. Ihr könnt den Sparplan entweder auf eurem Depot einrichten, dazu wählt ihr am besten einen anderen ETF, und ihr benennt den Sparplan nach dem Namen des jeweiligen Kindes, damit ihr das Geld später richtig zuordnen könnt. Alternativ könnt ihr ein Juniordepot auf den Namen eures Kindes einrichten. Vor- und Nachteile beider Methoden stelle ich für euch in der folgenden Tabelle gegenüber.

NUTZUNG DES ELTERN-DEPOTS	JUNIOR-DEPOT
Eltern können entscheiden, wann sie das Geld an das Kind übertragen, das kann zum 18. Geburtstag oder später sein.	Die Geldanlage von Eltern und Kind ist klar getrennt.
Es ist ein geringer Aufwand, einen neuen Sparplan in einem bestehenden Depot anzulegen, als ein neues Depot zu eröffnen.	Du kannst die Steuerfreibeträge in Höhe von bis zu 801 Euro pro Jahr für Dividenden pro Kind nutzen.

ES GIBT ELTERN, DIE TEILE des Kindergelds sparen und investieren. Es heißt, dass Kinder teuer seien und viel Geld kosten. Gerade in den ersten Jahren sind die Ausgaben für dein Baby jedoch sehr überschaubar. So kleine Wesen brauchen vor allem Liebe und Nähe und weniger Spielzeuge, die in der Ecke stehen. Wenn es um die Erstausstattung des Babys geht, konzentriere dich auf das Wesentliche. Gerade für diese Lebensphase lohnt es sich, gebraucht zu kaufen, das ist viel nachhaltiger.

Noch viel wichtiger als Geld für eure Kinder anzulegen, ist es allerdings, ihnen eine positive Einstellung zu Geld mitzugeben und ihnen positive Glaubenssätze über Geld zu vermitteln. Das funktioniert über eure Vorbildrolle, d. h. wenn ihr regelmäßig über Geld sprecht, bekommen eure Kinder mit, welche Rolle Geld im Leben spielt und wie sie damit umgehen können. Es macht z. B. einen Unterschied, ob ihr euch am Abendbrottisch über Versicherungen unterhaltet oder ob ihr das immer erst spät abends macht, wenn die Kinder im Bett sind. So haben sie gar keine Berührungspunkte zu dem Thema, weil sie nicht einmal mitbekommen, dass es Versicherungen überhaupt gibt. Beobachtet euch als Eltern: Wie sprecht ihr über Geld? Um über Geld zu sprechen, ist es nie zu spät.

Je nach dem Alter der Kinder kannst du den Umgang mit Geld kindgerecht vermitteln. Ihr könnt Bücher zum Umgang mit Geld vorlesen, meine Buchtipps findet ihr im Anhang. Außerdem macht es Spaß, gemeinsam eine Spardose zu basteln oder ein großes Glas zu bekleben, und zwar mit Bildern des Sparziels deines Kindes. Du kannst auch gemeinsam mit deinem Kind nicht mehr benutztes Spielzeug auf einem Flohmarkt verkaufen, sodass es sich von den Erlösen ein neues Wunschspielzeug kaufen kann. Ihr könnt gemeinsam einmal im Jahr eine Spendenorganisation auswählen, an die ihr als Familie spendet.

Wenn die Kinder etwas älter sind, kannst du ihnen Taschengeld zur Verfügung stellen, damit sie den Umgang mit Geld üben können. Es gibt kein ideales Alter, um mit Taschengeld zu beginnen, vertraue deinem Gefühl, ob die Zeit richtig ist. Lass dein Kind selbst entscheiden, was es mit dem Geld macht, damit es eigene Erfahrungen machen kann. Du kannst dich allerdings mit deinem Kind unterhalten und fragen, was es sich in der letzten Woche von seinem Taschengeld gekauft hat oder wofür es gerade spart.

Um deinen Kindern den Effekt von Zinsen und Zinseszins zu zeigen, kannst du als Bank fungieren. So können eure Kinder ihr Geld bei euch einzahlen oder abheben, das könnt ihr dann in einer Tabelle dokumentieren, einmal im Jahr zahlt ihr dann 10 Prozent Zinsen.

Den größten Effekt auf deine Kinder erreichst du, indem du Vorbild für dein Kind bist. Indem du dich bewusst mit dem Umgang mit Geld auseinandersetzt, tust du einen riesigen Schritt in die richtige Richtung.

DEINE NÄCHSTEN SCHRITTE

1. Welche Themen aus dem Kapitel willst du als Nächstes angehen?

2. Was sind deine nächsten konkreten Schritte?

ZUSAMMENFASSUNG

In einer Beziehung ist es wichtig, offen und regelmäßig über Geld zu reden. Wenn du Kinder hast, solltest du dir deiner Vorbildrolle im Umgang mit Geld bewusst werden.

16 | DEINE REISEDOKUMENTE

TIPPS FÜR DEINE ABLAGESTRUKTUR

Ausgeruht machst du dich am nächsten Morgen auf, *um endlich das Festland zu erreichen. Du ziehst dein Floß ins Wasser, eine längere Strecke liegt vor dir. Der Wind steht gut und nach einigen Stunden auf dem Wasser zeichnet sich am Horizont Land ab. Endlich, dein Dschungelabenteuer geht dem Ende entgegen und du erreichst das Festland. Als du zum letzten Mal durch das flache Wasser watest, freust du dich schon auf dein bequemes Bett und vor allem wieder auf ein Treffen mit anderen Menschen. Doch zunächst gilt es, den Platz mit dem großen Kreuz auf der Schatzkarte in der Realität ausfindig zu machen. Du begibst dich noch einmal in grünes Dickicht. Du schlägst dich durch zugewucherte Pfade und stößt letztendlich auf einen kleinen klaren See. An der Stelle, wo das Kreuz auf der Karte steht, ist in der Natur nichts zu sehen. Es ist einfach nur laubbedeckter Waldboden um dich herum. Also beginnst du, im Laub zu graben, und schließlich suchst du hinter dem Busch. Und dort! Da ist tatsächlich etwas Festes.*

Eine kleine Schatztruhe mit neun Schlössern kommt zum Vorschein. Du hast es geschafft, der Schatz ist in deinen Händen. Auf den Schlössern sind kleine Symbole eingraviert. Als du diese mit deiner Schatzkarte vergleichst, stellst du fest, dass es jeweils die Formen der Inseln sind. Jetzt stehst du vor der nächsten Herausforderung. Du hast die Schlüssel wild durcheinander in deinen Rucksack geworfen und alle sehen sich sehr ähnlich. Hättest du sie gleich sortiert, würdest du schneller zu dem Schatz kommen. So musst du zunächst durchprobieren, welcher Schlüssel in welches angerostete Schloss passt.

HERZLICHEN GLÜCKWUNSCH, DU HAST deinen Finanzdschungel bezwungen! Beim Durcharbeiten des Buches hast du immer wieder deine Ordner in der Hand gehabt, Papierberge durchwühlt oder Dateien auf deinem Rechner zusammengesucht. Hand aufs Herz: Hast du alle benötigten Dokumente sofort gefunden? Falls nicht, dann nimm dieses Kapitel zum Anlass, Ordnung in deinem Papierkram zu schaffen.

Alle Dokumente, die du im Laufe des Buches zur Hand genommen hast, wirst du später nochmals benötigen. Lege dir dafür ein für dich verständliches Ablagesystem an. Überlege dir, welche Kategorien für dich sinnvoll sind. Wenn du nach Unterlagen einer bestimmten Versicherung suchst, suchst du dann nach Art der Versicherung oder nach der Versicherungsgesellschaft? Wie du letztendlich die Struktur innerhalb des Ordners umsetzt, ist dir überlassen. Ein Ordner für die Ablage sämtlicher Versicherungen ist hilfreich.

Nimm im ersten Schritt dein Notizbuch und schreibe auf, was dir spontan für Kategorien für deine Dokumente einfallen. In welchen Ordner würdest du schauen, wenn du einmal im Jahr Unterlagen für die Steuererklärung suchst oder die Kontonummer deines Depots benötigst?

Falls du zu dem Typ gehörst, der sich sagt: »Ich werfe allen Papierkram in eine Schublade und sortiere das dann irgendwann«, dann ist heute ein guter Zeitpunkt, um den Berg zu bezwingen. Du wirst erleichtert sein, wenn du endlich Ordnung in deinen Unterlagen hast. Such dir eine große freie Fläche und beginne, die Unterlagen zu sortieren, Ähnliches zu Ähnlichem. So werden zunächst Stapel wie Zeugnisse, Entgeltabrechnungen, Informationen deiner Bank oder Kommunikation mit der Krankenkasse entstehen. Diese Ordner kannst du dann in Kategorien wie Beruf oder Gesundheit gruppieren. Es ist hilfreich, wenn das erste Blatt im Ordner eine Übersicht ist, im Versicherungsordner kann es z. B. die Versicherungstabelle aus Kapitel 10 sein. Im Ordner Finanzen kann es eine Übersichtstabelle sein, mit allen Banken, bei denen du aktuell ein Konto hast.

Lass mich dir einen Vorschlag für die Strukturierung deiner Ordner machen, und zwar sowohl für die physischen als auch die digitalen Ordner. Im idealen Fall bezeichnest du alle Ordner nach dem gleichen System. Du hast einen Aktenordner mit dem Titel »Finanzen« und auf deinem Laptop gibt es einen digitalen Ordner »Finanzen« – so braucht sich dein Gehirn nur eine Struktur einzuprägen:

- Arbeit und Beruf (Arbeitsverträge, Gehaltsabrechnungen, Zeugnisse)
- Finanzen (Kontonummern, Kreditkarten, Freistellungsaufträge, Kontoauszüge)
- Gesundheit (Krankenversicherung, ärztliche Gutachten, Rechnungen über Behandlungen, Impfpass)
- Persönliches (Geburtsurkunde, Heiratsurkunde, Reisepass, Testament, Patientenverfügung, Vorsorgevollmacht)
- Rente/Altersvorsorge (Renteninformationen, Meldungen zur Sozialversicherung)
- Steuern (Steuererklärungen, elektronische Lohnsteuerbescheinigung, Belege)
- Versicherungen (Versicherungsscheine, aktuelle Beitragsinformationen)
- Wohnen (Mietvertrag, Nebenkostenabrechnungen, Kaufvertrag, Hausfinanzierung, Grundbuchauszug, Rundfunkbeiträge, Verträge mit Strom- und Internetanbietern, Rechnungen von Möbeln und Reparaturen).

PASSEN DIESE KATEGORIEN zu deinen Unterlagen? Falls nicht, gleiche sie deinen Bedürfnissen so an, dass du dich darin zurechtfindest. Und jetzt schnapp dir deinen Papierkram und sortiere alles nach den entsprechenden Kategorien! Nutze Trennblätter oder Klebezettel, um Unterkategorien sichtbar zu machen und dich schnell zurecht zu finden.

NIMM DIR IM NÄCHSTEN SCHRITT ZEIT, deine digitalen Dateien zu sortieren. Bau dir die gleiche Ordnerstruktur wie für deinen Papierkram auf. Verschiebe die Dateien in die entsprechenden Ordner. Und wenn du fertig bist, dann mach eine Sicherheitskopie deiner Daten. Nutze dafür entweder eine externe Festplatte oder eine Cloud. Denn nichts ist so ärgerlich wie ein Totalverlust deiner Daten, sollte dein Laptop irgendwann den Geist aufgeben oder gestohlen werden. Verschieb die Datensicherung nicht auf nächste Woche, sondern mache sie heute noch.

Wenn du fertig bist mit dem Sortieren, hast du nur noch zwei Orte für alle wichtigen Dokumente: die Aktenordner im Schrank oder deine digitale Dateiablage auf dem Laufwerk. Vielleicht stellst du dir die Frage, ob du nur einen Ort für deine Dateiablage möchtest, sprich: entweder alle entsprechenden Dateien ausdrucken und in die Ordner heften oder alle Briefe einscannen und digital ablegen willst. Wenn es dir hilft, mach das. Wenn es dir als zu aufwändig erscheint, sodass du dich gar nicht motivieren kannst, damit anzufangen, dann mach dir damit keinen Stress. Wähle die Variante, die für dich am einfachsten umsetzbar ist.

BLEIBT NOCH DIE FRAGE, WAS DU WIRKLICH aufheben musst und was du getrost entsorgen kannst. Sämtliche Anschreiben deiner Versicherungen und Informationsschreiben etc. dürfen direkt in die Altpapiertonne wandern. Auch Unterlagen zu Verträgen, die du bereits gekündigt hast, müssen nicht aufgehoben werden. Lediglich aktuell laufende Versicherungen, inkl. der Versicherungspolice, solltest du griffbereit haben. Du darfst auch alte Rechnungen wegwerfen, wenn die Garantie der Produkte inzwischen abgelaufen ist bzw. wenn du die Telefon- und Internetrechnungen bereits geprüft hast. Wie oft hast du in alte Studienunterlagen geschaut? Vermutlich gar nicht mehr, da du das Gelernte entweder verinnerlicht hast oder einfach bei Google nachschaust, wenn du noch eine Frage zu dem Thema hast. Studienunterlagen können also entsorgt werden.

DER FOLGENDEN TABELLE KANNST DU entnehmen, was du definitiv aufheben solltest und wie lange:

2 Jahre	Rechnungen von höherwertigen Gegenständen, im Rahmen der Garantie und Gewährleistungsfrist.
4 Jahre	Kontoauszüge
10 Jahre	Steuerunterlagen (falls dich das Finanzamt der Steuerhinterziehung beschuldigt). Eigentlich gilt für Steuerunterlagen, dass du nur den jeweils aktuellen Bescheid aufbewahren musst.
30 Jahre	Urteile, Prozessakten und Mahnbescheide.
Bis zum Renteneintritt	Arbeitsverträge und die Nachweise über Sozialversicherungsbeiträge. Du brauchst nicht alle Gehaltsabrechnungen aufzubewahren, die jährliche Lohnsteuerbescheinigung reicht vollkommen aus.
Als Hausbesitzerin oder Hausbesitzer	Grundbuchauszug, Rechnungen für den Bau, Übergabeprotokolle und Bauzeichnungen, also alles, was für eine spätere Wertermittlung für einen möglichen Verkauf notwendig ist.
Lebenslang	Geburtsurkunde, Heiratsurkunde, Taufschein, Sterbeurkunden von Familienangehörigen, Zeugnisse, ärztliche Gutachten, Patientenverfügung, Vorsorgevollmacht, Testament.

BITTE BEACHTE, DASS FÜR SELBSTSTÄNDIGE und Unternehmerinnen andere Fristen gelten, hier bist du auf der sicheren Seite, wenn du alle Unterlagen und Rechnungen in Bezug auf dein Unternehmen mindestens zehn Jahre aufhebst.

DEINE NÄCHSTEN SCHRITTE

1. Nimm dir jetzt deinen Papierstapel vor und sortiere diesen in für dich passende Kategorien.
2. Hefte alles sofort in die richtigen Ordner ab.
3. Beschrifte die Ordner.
4. Entsorge alle unnötigen Dokumente, wie Anschreiben oder alte Rechnungen.
5. Schaffe auch digital Ordnung, sodass du jederzeit benötigte Dokumente findest.
6. Mache eine Sicherheitskopie deiner digitalen Daten.

ZUSAMMENFASSUNG

Ein gutes Ablagesystem für all deine Dokumente rund um alle Finanzen und Versicherungen erspart dir langes Suchen.

17 | DEINE SCHATZTRUHE

DIE NÄCHSTE REISE
KOMMT
BESTIMMT

Mittlerweile konntest du acht Schlösser öffnen. *Jetzt steckst du den letzten Schlüssel in das verbliebene Schloss, drehst ihn um – und klack, es öffnet sich. Voller Anspannung öffnest du den hölzernen Deckel der Truhe. Und tatsächlich sind dort Münzen drin. Ob sie aus Gold sind, erkennst du nicht sofort, aber sie sehen irgendwie besonders aus. Sie gehören keiner dir bekannten Währung an, vielleicht wirst du sie schätzen lassen, um dann herauszufinden, was sie wert sind. Du freust dich sehr, denn du hast tatsächlich einen Schatz gefunden! Und du darfst auch sehr stolz auf dich sein, dass du den langen Weg durch den Dschungel gegangen bist und auf jeder Insel viel Zeit investiert hast, um den dort jeweils gut versteckten Schlüssel zu finden.*

Es ist noch etwas in der Truhe: ein Büchlein. Mit seinem kunstvoll geschnitzten Holzumschlag wirkt es sehr edel. Als du es aufblätterst, stellst du fest, dass die meisten Seiten leer sind. Doch da, auf den ersten Seiten stehen jeweils einzelne Fragen: Hast du deinen goldenen Schatz gefunden? Wie fühlst du dich? Bist du glücklich? Was fehlt dir zu deinem bestmöglichen Leben? Was veränderst du ab morgen in deinem Leben?

Ganz nachdenklich blätterst du durch die Seiten dieses edlen Papiers. Dieses Notizbuch wird dich noch eine Weile durch dein Leben begleiten. Doch zunächst verstaust du deinen Schatz im Rucksack und folgst dann dem kleinen Trampelpfad, der dich zum Meer bringt. Du schaust ein letztes Mal nachdenk-

lich auf das Meer und gehst gedanklich deine Reise durch den Dschungel und all deine Erfolge durch. Du bist stolz darauf, wie du dich durch den Dschungel bewegt hast. Nun schaust du auf deine Schatzkarte. Am Ende der Bucht gibt es einen Weg, der zu einer großen Straße führt und dich wohlbehalten in das nächste Dorf bringt. Von dort aus trittst du deinen Weg nach Hause an.

HERZLICHEN GLÜCKWUNSCH! DU HAST DEINEN WEG aus deinem persönlichen Finanzdschungel herausgefunden. Du hast viele Stunden mit diesem Buch und deiner persönlichen Finanzsituation verbracht. Ich freue mich sehr, dass ich dich begleiten durfte. Ich bin mir sicher, dass dich der ein oder andere Impuls zum Nachdenken gebracht hat.

Jetzt, da du dein Ziel erreicht hast, möchte ich dich aber nicht alleine lassen mit deinem Goldschatz.

Blättere nochmal zurück zu Kapitel 1 …

Was war dein Ziel für das Durcharbeiten dieses Buches?

____

____

____

____

Wo stehst du heute bei der Erreichung des Zieles?

____

____

____

____

Wie fühlst du dich jetzt in Bezug auf deinen Finanzdschungel?

Was kannst du heute noch tun, um dich für deine Anstrengungen zu belohnen?

DEINE REISE IST JEDOCH NOCH NICHT ZU ENDE. Überlege dir, wie sie weitergehen könnte. Welches Thema willst du als Nächstes angehen? Wo willst du tiefer einsteigen? Was sind deine nächsten Finanzziele?

Je genauer du dein Ziel formulierst, desto leichter wird es dir später fallen zu beurteilen, ob du es erreicht hast. Beispiel: Willst du mehr Geld sparen oder willst du innerhalb von sechs Monaten 5.000 Euro sparen, weil du dir ein neues Auto kaufen möchtest? Willst du Schulden abbauen oder willst du innerhalb von 12 Monaten schuldenfrei sein, 4.000 Euro zurückgezahlt haben und deinen Dispo beim Girokonto kündigen? Willst du dein Einkommen erhöhen oder willst du dein monatliches Einkommen um mindestens 50 Euro erhöhen?

Bei der Formulierung deines Zieles ist es wichtig, konkret und messbar zu formulieren. Eine Aussage wie: »Ich möchte zufrieden sein mit meiner finanziellen Situation«, ist nicht messbar.

Überlege dir, wie es sich anfühlt, wenn das Ziel erreicht ist – was genau ist anders als heute? Woran siehst du, dass du dein Ziel erreicht hast? Konkreter könnte das Ziel lauten: »Um zufrieden mit meiner finanziellen Situation zu sein, möchte ich alle Versicherungen überprüft haben (Passen sie zu mir? Gibt es günstigere?) und mein Sparverhalten verbessert haben, da ich bis zum nächsten Jahr mindestens 4.000 Euro für eine neue Küche gespart haben möchte.«

Damit dein Ziel richtig motivierend auf dich wirkt, formuliere es in der Gegenwartsform. Stell dir vor, du hast das Ziel bereits erreicht und schreibst dies in dein Tagebuch: »Es ist der 16. April 2024, ich habe alle meine Versicherungen geprüft und besitze nur noch Versicherungen, die ich verstehe und die zu meiner aktuellen Situation passen, ich spare monatlich mindestens 200 Euro und habe mir inzwischen meine wunderschöne neue Küche für 4.000 Euro gekauft, ohne dafür einen Kredit aufnehmen zu müssen.«

Und jetzt du:

MEIN VERSPRECHEN AN MICH SELBST

Heutiges Datum: ______________

Bis zum ______________

habe ich folgende finanziellen Ziele erreicht: ______________

____

____

____

____

____

SCHREIBE DIR DEIN ZIEL AUF EINEN ZETTEL und hänge ihn dort auf, wo du ihn täglich sehen kannst. Vielleicht ist es die Tür deines Kühlschranks, dein Kleiderschrank oder deine Wohnungstür.

Und jetzt träume groß! Was wäre, wenn du, woher auch immer, plötzlich über eine sehr große Summe an Geld verfügtest? Was würdest du dir von diesem Geld kaufen? Was ist dein absoluter Wunschtraum?

UND JETZT RECHERCHIERE, was dieser Wunschtraum kostet. Vielleicht ist es die Traumreise, das wunderschöne Haus oder die Gründung deiner eigenen ehrenamtlichen Organisation? Versieh deinen Traum mit einem Preisschild.

€

WIRKT DIE ZAHL UNREALISTISCH GROSS? Oder ist sie kleiner, als du erwartet hast? Vielleicht ist es langfristig sogar realistisch, dein Ziel zu erreichen, auch ohne Lottogewinn oder große Erbschaft. Jetzt weißt du, was du erreichen möchtest. Denke in den nächsten Tagen darüber nach, wie du Geld generieren kannst, um dir deinen Wunschtraum selbst zu erfüllen.

Lass uns dazu gemeinsam reflektieren, was die größten Erkenntnisse aus diesem Buch sind. Ich habe dir die wichtigsten Lektionen aus deinem Dschungel-Abenteuer zusammengefasst:

**Goldene Regeln
für deine entspannte Finanzzukunft**

- Erkenne deine Glaubenssätze in Bezug auf Geld und kehre sie ins Positive um.
- Vermeide (schlechte) Schulden. Und falls du welche hast, lenke deine Energie darauf, diese abzuzahlen.
- Führe ein Haushaltsbuch, um deine Ausgaben im Blick zu haben und Einsparpotenziale aufdecken zu können.
- Baue deinen Notgroschen auf und taste ihn nicht für alltägliche Ausgaben an.
- Erhöhe deine automatisierten Sparraten, wenn du zusätzliches Einkommen erhältst.
- Gib jährlich deine Steuererklärung ab.
- Sei kritisch gegenüber Beratern, Vermittlern und Maklern. Erbitte dir jeweils Bedenkzeit und informiere dich mittels unabhängiger Quellen, ob deren Angebot wirklich zu deiner Lage passt.
- Nimm dir jährlich einmal Zeit, um deine Finanzprodukte und Versicherungen zu überprüfen. Spätestens dann, wenn größere Veränderungen in deinem Leben anstehen, wie Umzug, Heirat, Nachwuchs oder Hausbau.
- Dein Humankapital ist deine wichtigste Geldanlage. Investiere in dich selbst und deine Gesundheit.

- Lege deine persönliche Strategie zum Aufbau deiner privaten Altersvorsorge fest. Je früher du damit startest, desto besser.
- Investiere dein Geld langfristig und breit gestreut.
- Schaffe dir mehr als eine Einkommensquelle.
- Stehe ein für deinen Wert und verhandle dein Gehalt.
- Sprich in deiner Beziehung mit deinem Partner regelmäßig über Geld.
- Sei deinen Kindern ein finanzielles Vorbild.

SCHLUSSWORT

DEINE FINANZEN SIND NUR EIN ELEMENT deines Lebens, und wenn du diese geregelt hast, wird das positiv auf deine anderen Lebensbereiche ausstrahlen.

Ich bin stolz auf dich, dass du es bis ans Ende dieses Buches geschafft hast und du nun bereit bist, deine Finanzen selbst in die Hand zu nehmen.

Mit diesem Buch hast du dich durch deinen Finanzdschungel gearbeitet, deine weitere Geldreise wird sich durch dein gesamtes Leben ziehen. Ich bin mir sicher, dass ich dir vermitteln konnte, dass du diese Reise mit Freude und Leichtigkeit antreten darfst. Ich hoffe, es hat dir so viel Spaß gemacht wie mir, durch den Finanzdschungel zu streifen, neue Inseln zu entdecken und kleine Abenteuer zu meistern. Selbst wenn du nur ausgewählte Aufgaben aus diesem Buch in deinem Alltag umgesetzt hast oder ausprobieren wirst, bin ich davon überzeugt, dass du jetzt deinen Umgang mit Finanzen und Versicherungen auf eine nachhaltige Art und Weise hinterfragst. Sieh dieses Buch als Nachschlagewerk an, nimm es zur Hand, wenn du ein neues Finanzthema angehen möchtest, und arbeite es schrittweise durch.

ICH BIN DIR SEHR DANKBAR, dass du dir Zeit für dieses Buch genommen hast. Wenn du der Meinung bist, dass dieses Buch auch anderen Menschen helfen könnte, einen Durchblick in Fragen Finanzen und Versicherungen zu bekommen, dann verschenke dieses Buch. Ich freue mich sehr darüber, wenn du mir eine Rezension auf der Website eines Onlinebuchhandels deiner Wahl schreibst, dadurch wird das Buch besser von anderen gefunden.

Falls du mehr Impulse von mir bekommen möchtest, folge mir gern auf Instagram **@imFinanzdschungel** oder stöbere auf meinem Blog **www.imfinanzdschungel.de.** Ich freue mich sehr über jede persönliche Erfolgsmeldung von deiner Reise durch den Finanzdschungel.

Viel Erfolg beim Eintauschen deiner Münzen und beim Ausfüllen deines Notizbuches!

Deine Nicole

WEITERFÜHRENDE LESETIPPS

FÜR DEN FALL, DASS ICH DICH MIT MEINEM INTERESSE an Finanzen angesteckt habe, habe ich dir nachfolgend Bücher- und Linktipps zusammengestellt, damit du tiefer in die einzelnen Themen einsteigen kannst.

Zu Kapitel 2 – Deine Einstellung zu Geld

Willst du tiefer in das Thema »Money Mindset oder Glaubenssätze über Geld« einsteigen? Dann empfehle ich dir das Buch *Rich Dad, Poor Dad: Was die Reichen ihren Kindern über Geld beibringen* von ROBERT KIYOSAKI. Ich hatte beim Lesen viele Aha-Erlebnisse, da der Autor anhand seiner persönlichen Geschichte erzählt, wie sich die Glaubenssätze der Eltern auf deren Kinder übertragen und wie unterschiedlich sich dadurch die Einstellung der Kinder zu Geld entwickelt.

Zu Kapitel 3 – Dein Nettovermögen

Mehr Geld für mehr Leben: Wie Sie in neun Schritten Ihre Beziehung zum Finanziellen ändern – und früher in Rente gehen können von VICKI ROBIN und JOE DOMINGUEZ regt dazu an, über das eigene Verständnis von Geld nachzudenken. Sie rechnen sehr anschaulich vor, wie du Konsumausgaben in Lebenszeit umrechnen kannst. Eine Tabelle zum Ausfüllen deines Nettovermögens findest du auf meiner Website zum Download: **www.imfinanzdschungel.de/Buchbonus.**

Zu Kapitel 4 - Dein Haushaltsbuch

Hier kannst du jährlich ein kostenfreies Haushaltsbuch bestellen oder downloaden:
https://www.geldundhaushalt.de/mein-haushaltskalender/
Eine Excel-Version findest du hier:
www.imfinanzdschungel.de/Buchbonus.

Zu Kapitel 5 - Dein Notgroschen

In *Madame Moneypenny: Wie Frauen ihre Finanzen selbst in die Hand nehmen können* von NATASCHA WEGELIN werden Finanzgrundlagen in eine leichte Geschichte verpackt – beim Grillen mit der Familie am Wochenende wird ganz nebenbei Grundwissen in Sachen Finanzen vermittelt. Solltest du nicht gern lesen, kann ich dir den Podcast bzw. die Social-Media-Auftritte von *Madame Moneypenny* sehr empfehlen.

Zu Kapitel 8 - Die Sparinsel

In *So denken Millionäre: Die Beziehung zwischen Ihrem Kopf und Ihrem Kontostand* von T. HARV EKER erklärt der Autor das 6-Konten-Modell und gibt weitere Impulse, die eigenen Geldglaubenssätze zu hinterfragen.

Auf **www.finanztip.de** findest du wertvolle Anleitungen, um sämtliche Spartipps umzusetzen (z. B. Stromanbieterwechsel, Kreditumschuldung, Internetanbieter wechseln). *Finanztip* ist unabhängig und hat das Ziel, Finanzwissen kostenlos zu verbreiten, sodass wir alle uns selbst um unsere Finanzen kümmern können. Die Finanztip-Redaktion gibt einen empfehlenswerten wöchentlichen Newsletter mit vielen Alltagstipps heraus und auch ihre Podcasts »Geld ganz einfach« und »Auf Geldreise« sind sehr hörenswert.

Zu Kapitel 9 – Die Steuererklärungsinsel

Mit dem Ratgeber auf **https://www.finanztip.de/steuererklaerung/** wirst du gut durch deine Steuerklärung geleitet. Auf der Website werden jährlich Tests zu Steuersoftware veröffentlicht.

Zu Kapitel 10 – Die Versicherungsinsel

Im Ratgeber *Das Versicherungs-Set* der Stiftung Warentest werden praxisnahe Tipps gegeben, worauf du bei der Wahl von den unterschiedlichen Versicherungen achten solltest. Das Heft beinhaltet auch hilfreiche Checklisten sowie Muster-Kündigungsschreiben.

In *Arbeitnehmerscout (m/w/d) für Ihre private Finanzplanung* von DATEV eG und Finanztip findest du das gebündelte Wissen von **www.finanztip.de** zu Versicherungen, Altersvorsorge und Familienthemen als strukturiertes und übersichtliches Buch.

Falls du Unterstützung benötigst, gehe auf: **https://www.verbraucherzentrale.de/beratung** und suche dir eine Verbraucherzentrale in deiner Nähe raus. Dort kannst du sowohl einen umfassenden Versicherungscheck machen lassen als auch dich mit Fragen zu einer einzelnen Versicherung melden. Für die Beratung wird eine Gebühr fällig.

Alternativ kannst du Mitglied beim Bund der Versicherten werden. Dort kannst du dich jederzeit telefonisch oder per Mail zu Versicherungsfragen beraten lassen: **https://www.bundderversicherten.de.**

Zu Kapitel 11 – Die Altersvorsorgeinsel

In *Rente ohne Roulette – Wie du deine Altersvorsorge nicht aufs Spiel setzt* erklärt dir ANETTE WEISS schrittweise, wie du deine Rentenlücke ausrechnest, und zwar so, dass du selbst verstehst, was du tust.

Unter **www.deutsche-rentenversicherung.de** kannst du dich sowohl über die Möglichkeiten der Altersvorsorge informieren als auch einen Termin zu einem kostenlosen Beratungsgespräch, z. B. zur Kontenklärung, vereinbaren.

Zu Kapitel 12 – Die Investitionsinsel

Souverän investieren für Einsteiger: Wie Sie mit ETFs ein Vermögen bilden von GERD KOMMER erklärt, wie du ETFs für deinen langfristigen Vermögensaufbau bzw. deine Altersvorsorge nutzen kannst. Auch wenn seine Sprache etwas wissenschaftlich ist, vermittelt er die Grundlagen sehr anschaulich. Er geht auch auf Fettnäpfchen und Anfängerfehler ein.

Als Ergänzung, vielmehr als Vertiefung zu dem vorgenannten Buch, kannst du *Souverän investieren mit Indexfonds & ETFs,* ebenfalls von GERD KOMMER, lesen. Inhaltlich gibt es viele Dopplungen, nur geht er hier detaillierter auf die Themen ein.

Alternativ ist das Heft *Anlegen mit ETF* von Stiftung Warentest ein guter Ratgeber, um ganz einfach in die breit gestreute Anlage am Aktienmarkt einzusteigen.

Auf der Website **www.justetf.com** kannst du dich über verschiedenste ETFs informieren und über die ETF-Suche den Markt an ETFs so für dich filtern, dass du eine überlegte Entscheidung treffen kannst, in welchen du investieren möchtest.

Zu Kapitel 13 – Die Immobilieninsel

Kaufen oder mieten?: Wie Sie für sich die richtige Entscheidung treffen von GERD KOMMER. In diesem Buch zeigt er mit wissenschaftlichem Ansatz Vor- und Nachteile beider Optionen auf und bietet ein Rechentool an, um selbst die richtige Entscheidung für die eigene Lebenslage zu treffen.

Wenn du dich bereits für den Hauskauf entschieden hast und gerade nach der passenden Immobilie suchst, ist folgendes Buch besser für dich geeignet: *Immobilienfinanzierung für Selbstnutzer: Geld sparen und Fehler vermeiden beim Kauf der eigenen vier Wände* – ebenfalls von GERD KOMMER. Er zeigt dir, wie du Kreditangebote richtig vergleichst und wie du herausfindest, ob eine Immobilie teuer oder günstig ist.

Immocation – Die Do-it-yourself-Rente: Passives Einkommen aus Immobilien zur Altersvorsorge von MARCO LÜCKE und STEFAN LOIBL begleitet dich Schritt für Schritt durch den Prozess, eine eigene Immobilie zur Vermietung zu kaufen.

Zu Kapitel 14 – Die Einkommensinsel

Die 4-Stunden-Woche: Mehr Zeit, mehr Geld, mehr Leben von TIMOTHY FERRISS gibt dir Denkanstöße, wie du trotz Vollzeitjob nebenbei ein Business aufbauen kannst, das dir Einkünfte bringt. Die vielen Tipps kannst du auch auf deine aktuelle Tätigkeit anwenden.

Essentialismus: Die konsequente Suche nach Weniger. Ein neuer Minimalismus erobert die Welt von GREG MCKEOWN. Er gibt tolle Impulse, wie du dich auf das wirklich Wichtige im Leben fokussieren kannst. Auch wenn es eher um Produktivitätsmethoden als um Einkommenssteigerung geht, wirst du dir bei der Umsetzung der Tipps mehr Freiräume für die Beschäftigung mit neuen Einkommensquellen schaffen können.

Seine »Getting things done«-Methode stellt DAVID ALLEN in seinem Buch *Wie ich die Dinge geregelt kriege: Selbstmanagement für den Alltag* vor. Diese Methode hilft dir, dein Leben besser zu organisieren, sodass du weniger gestresst bist und mehr Energie für den Aufbau deiner weiteren Einkommensquellen hast.

Zu Kapitel 15 – Die Familieninsel

Bevor du dich für den Hafen der Ehe entscheidest, solltest du einen Blick in den Ratgeber *Sich trauen: Recht, Steuern, Finanzen. Was sich durch die Heirat alles ändert* von RUTH BOHNENKAMP werfen.

Ein tolles Kinderbuch für den Umgang mit Geld ist *Ein Hund namens Money: Spielerisch zu Erfolg und Wohlstand* von BODO SCHÄFER. Obwohl die Altersempfehlung ab 10 Jahre ist, ist es auch ein tolles Einstiegsbuch für Erwachsene.

Ein weiteres Kinderbuch ist *Mein Geld, dein Geld: Von Mäusen, Kröten und Moneten* von MIKE SCHÄFER. Sämtliche Themen rund ums Geld werden hier kindgerecht erklärt.